La vida reinventada

Richard J. Leider
Alan M. Webber

La vida reinventada

Descubre tus nuevas posibilidades

Madrid Barcelona Bogotá
México D.F. Monterrey Buenos Aires
Londres Nueva York Shanghái

Colección LEO: Libros de divulgación de LID Editorial Empresarial, S.L.
Sopelana 22, 28023 Madrid, España - Tel. 913729003 - Fax 913728514
info@lideditorial.com - LIDEDITORIAL.COM

A member of: BPR
Business Publishers Roundtable.com

EAN-ISBN13: 978-84-8356-881-1
Directora editorial: Jeanne Bracken
Editora: Constanza Cervino
Corrección: Noelia Jiménez
Revisión: Leticia Martín-Fuertes
Maquetación: produccioneditorial.com
Diseño original de portada: © Scott A. Davis
Fotografía de Alan M. Webber: © Judy Tuwaletstiwa
Impresión: Cofás, S.A.
Depósito legal: M-6974-2014

Impreso en España / *Printed in Spain*

Primera edición: marzo de 2014

Te escuchamos. Escríbenos con tus sugerencias, dudas, errores que veas o lo que tú quieras. Te contestaremos, seguro: queremosleerteati@lideditorial.com

Índice

Prólogo de Emilio Pardo 9

Introducción. Tu viaje hacia la vida reinventada...... 13

01. ¡Esto no es lo que me esperaba! 21

02. Sé realista 33

03. ¿Qué funciona? 47

04. Reflexiona. ¿Qué es la realidad para ti? 59

05. Conecta. ¿Con quién puedes contar? 67

06. Explora. ¿Cuáles son tus posibilidades? 81

07. Tómate un respiro. ¡Uf! 89

08. Elige. Y ahora, ¿qué? 93

09. Rehaz el equipaje. ¿Qué vas a dejar atrás y qué quieres llevarte? 101

10. Actúa. ¿Qué hago ahora? 113

11. Hagamos una pausa. ¿Se ha acabado ya? 121

12. ¿Es este tu instante de vida reinventada? 123

13. Te toca 133

Conversaciones de la vida reinventada 137

Agradecimientos 139

Entrevista a los autores.................................... 143

Recursos de la vida reinventada. Y ahora, ¿qué?...... 149

Índice onomástico.. 151

Prólogo

Los autores de este libro nos han regalado independencia, confianza y esperanza.

Esta es una obra personal, sobre ti mismo, y no se trata de un discurso sino de un diálogo. A través de distintas historias, Richard Leider y Alan Webber nos acompañan en un recorrido íntimo por el miedo y las aspiraciones, el riesgo y la seguridad, el sentido de la vida y nuestras metas personales. Sus palabras nos inspiran y estimulan con herramientas cargadas de practicidad y realismo. No se han propuesto ayudarnos a rehacer nuestra vida, sino a adaptarnos y prosperar en una nueva etapa.

Este libro es una hoja de ruta para el nuevo estilo de vida de reinvención y nuevas posibilidades al que tantas personas de mediana edad, y mayores, se enfrentan hoy en día. Aun así, el mensaje se adapta también a adultos jóvenes que están pasando por un periodo de transición en una época de cambios rápidos. Sea cual sea la etapa en la que te encuentres, la hoja de ruta te enseñará a encontrar la inspiración y el valor necesarios para reinventar tu destino, reanalizar tus dones y desatar tu potencial personal. Te ayudará a descubrir lo que está por venir y tus posibilidades reales, a cualquier edad, a medida que te acercas a lo mejor de la vida.

Soy el director de Marca de AARP y estoy a punto de cumplir 50, por lo que no solo me identifico con el contenido de este libro, sino que además lo estoy viviendo.

También soy estadounidense de primera generación, un subproducto de la revolución cubana. A los 16 empecé a cuidar de mi padre, que padecía cáncer. Pasé noches en vela preguntándome cómo sobreviviría a aquella experiencia y qué significaba todo aquello. Poco después de morir mi padre, a mi madre le diagnosticaron alzhéimer y la cuidé hasta su muerte.

Cuando falleció, yo tenía 28 años. Mis padres no me vieron graduarme en la universidad ni contraer matrimonio. Tampoco me vieron convertido en secretario de prensa del Senado de Estados Unidos, consejero delegado de una empresa tecnológica ni socio principal de una multinacional de las comunicaciones, pero lo más importante es que no llegaron a conocer a mi hijo.

Durante aquellos años llevé una vida de reflexión constante y di instintivamente todos los pasos que descubrirás en este libro. Me construí una caja de resonancia de amigos y familiares que pudieran ayudarme a prosperar, aprender, crecer y triunfar. En cada etapa rehíce el equipaje y volví a empezar, dejando atrás lo que no me iba a ser útil en la siguiente fase. Aprender a vivir el presente y avanzar paso a paso no fue el proceso de un libro, sino mi día a día.

Las transiciones no dejaban de venir. La crisis económica supuso para mí grandes tensiones financieras en un momento personal muy delicado, con un divorcio, la muerte de mi hermano y la paternidad en solitario. Me encontraba solo, viviendo y luchando con los mismos problemas que las personas a las que prestaba servicio en mi papel de representante de la marca AARP. El profesor se convirtió en alumno... y el alumno se puso a trabajar.

Entonces viví mi instante de vida reinventada. Durante una noche en vela, hace cuatro años, me di cuenta de que mi propósito era ayudar a millones de personas a afrontar lo que está por venir, idear soluciones inteligentes a los retos que nos plantea la vida, trazar una ruta coherente hacia el éxito y plantear la mejor manera de asumir ese nuevo estilo de vida. Y tenía que hacerlo ateniéndome a la promesa de AARP de ayudar a múltiples generaciones a vivir con dignidad y propósitos.

En ese momento acudí a Richard y Alan, que junto con otras personas se pusieron manos a la obra para crear una red internacional de líderes intelectuales y recopilar las brillantes ideas que encontrarás en este libro. El compromiso y la intensidad con que se han enfrentado a este colosal desafío son una lección de humildad. En las páginas que siguen han derramado el trabajo de toda una vida y, gracias a ello, ahora contamos con esta moderna hoja de ruta y un sistema de orientación interactivo para recorrer una nueva etapa de la vida.

Pese al gran orgullo que siento hacia ellos, me conmueve todavía más el compromiso de A. Barry Rand, director ejecutivo de AARP. Su liderazgo ha motivado a AARP a asumir un papel activo en el debate sobre vivir o envejecer y a extender su poderoso brazo para atraer a los grandes pensadores, los recursos más novedosos y el poder colectivo de la comunidad para crear una plataforma de la vida reinventada. Esperemos que esta plataforma desate un movimiento que trascienda de la generación que se enfrenta a la vejez y atraiga a personas de todas las edades que se plantean la cuestión fundamental de lo que está por venir... para mí y para todos.

Lee este libro como si fuese un regalo. Juega con las herramientas diagnósticas, planifica tu trayectoria hacia la próxima etapa y después pásaselo a tu marido o mujer, a tu pareja, a tus hijos, a tus amigos y a cualquiera que pueda beneficiarse de una hoja de ruta actualizada hacia un nuevo estilo de vida. Ojalá hubiese sabido todo esto hace muchos años, cuando tenía 16 y atendía a un enfermo mientras trataba de darle sentido al caos, el dolor y el deseo de alcanzar mis objetivos.

Ha llegado el momento de plantearse soluciones y herramientas nuevas, personales. Es hora de reinventar las posibilidades. ¡Buen viaje!

Emilio Pardo
Vicepresidente ejecutivo y director
de Marca de AARP

Introducción
Tu viaje hacia la vida reinventada

Empecemos este libro por el final porque, a fin de cuentas, tú eres el que decide. ¿Quieres emprender el viaje hacia la vida reinventada? ¿Quieres añadir tu historia a la de los miles (o millones) de pioneros curiosos y valientes que han reinventado sus vidas? La elección está en tus manos y en las de cada uno de nosotros.

A continuación te contamos lo que está en juego y por qué pensamos que debes unirte a nosotros en el viaje hacia la vida reinventada.

Lo cierto es que estamos viviendo uno de los movimientos sociales más importantes de nuestra época: la creación de una nueva etapa, a la que hemos llamado *vida reinventada*. Abarca desde la mediana edad hasta la vejez, pero sus efectos (los *instantes de vida reinventada*) pueden producirse en cualquier momento. Esta nueva etapa hace obsoletos los mitos y convencionalismos de los últimos cincuenta años, la vieja historia que ha definido hasta ahora la trayectoria de nuestro curso vital y ha terminado por restringir las opciones disponibles en la segunda mitad de la vida.

La vida reinventada nos dice que podemos elegir nuestro camino en cualquier momento. A medida que nos replanteemos la manera en que vivimos y envejecemos, reinventaremos cada etapa de la vida y experimentaremos un antes y un después de esa vida que nosotros mismos hemos reinventado. Y el cambio no quedará solo en nosotros: las consecuencias de nuestras opciones se extenderán a todas las generaciones y etapas de nuestra propia historia porque vivimos en una época de transformaciones personales y universales a la vez.

1. ¿Qué es la vida reinventada?

La vida reinventada son tres cosas. En primer lugar, un mapa y una guía para navegar por esta nueva etapa de la vida. En segundo lugar, una comunidad creciente de personas que, con su ejemplo, demuestran el poder de las posibilidades en esta nueva fase; son los pioneros de la vida reinventada y representan el mapa en acción. Y, en tercer lugar, un movimiento social emergente que trasciende las distinciones, incluida la edad, que cambiará la forma en que envejecemos y vivimos.

2. ¿Por qué la vida reinventada?

Antes de seguir leyendo, mira a tu alrededor. Lee las noticias, escucha con atención de qué se está hablando y fíjate en los temas subyacentes y emergentes que definen la época en la que vivimos. Si prestas atención a las fuerzas que mueven el mundo hoy verás por qué la vida reinventada tiene sentido de sobra. Descubrirás que es necesaria e inevitable y entenderás por qué recoge con exactitud y honestidad la nueva realidad de nuestras vidas.

Cada vez vivimos más. Desde 1900, cuando la esperanza de vida en Estados Unidos era de 47 años, hemos añadido más de tres décadas a la esperanza media de vida. Esos años de más han alterado la trayectoria de la existencia humana y las opciones que se nos plantean.

También trabajamos más años y somos más productivos. Vivir más años implica alargar la vida productiva, ya sea por elección o por necesidad. Esta nueva realidad acarrea consecuencias importantes para las generaciones venideras. Como descubrirás, el trabajo y la economía son un elemento fundamental de la vida reinventada, aunque no son ni mucho menos el único.

Por último, vivimos con sentido. Tantos cambios en el mundo nos causan incertidumbre, que a su vez nos devuelve a lo que de verdad importa: nuestro propósito y nuestras relaciones con los demás. La vida reinventada nos invita a estar en contacto con el significado más profundo de la vida y a actuar en consecuencia para descubrir posibilidades nuevas.

3. ¿Qué dice la vida reinventada?

En el corazón de la vida reinventada se encuentra un manifiesto que nos anima a vivir con libertad de decisión, curiosidad y valor. Cada persona es un experimento individual y en esta nueva fase de la vida no hay respuestas de talla única: cada uno es libre de escoger su propia manera de vivir, pues ya no hay viejas reglas ni normas sociales anticuadas, límites convencionales o restricciones a las expectativas.

Este manifiesto también sostiene que, en un mundo de cambios, hay dos factores constantes: el propósito personal y la conexión con los demás. Así, la vida reinventada es un trayecto de descubrimientos internos y externos y el hallazgo final es el autoconocimiento.

Ahora bien, hablamos de una nueva forma de vivir en la que los demás resultan fundamentales. Ninguno debería emprender el viaje solo hacia esta nueva etapa de la vida porque el aislamiento es funesto.

Por último, a medida que aprendamos a reinventar esta nueva etapa de la vida, acabaremos reinventando todas las demás fases. Replantearse la manera en que vivimos la segunda mitad de nuestra existencia cambiará inevitablemente la forma en que vivimos la primera. Cuando comprendamos las opciones que tenemos a nuestro alcance, a medida que envejecemos descubriremos que están disponibles en cualquier momento.

Apoyada en estas verdades, con un mapa del nuevo territorio y el respaldo de las historias de tantos pioneros que nos enseñan el camino hacia delante, la vida reinventada nos ofrece la promesa de una vida de posibilidades reales.

4. El mapa de la vida reinventada

Como pioneros de la vida reinventada, estamos explorando el territorio y lo describimos a medida que nos adentramos en él. Con cada historia personal añadimos más detalles y claridad a lo que está por venir, aunque la trayectoria de cada uno hacia la vida reinventada no puede sino ser única porque la vida es un experimento personal.

Dicho esto, existe un mapa que explica esta y cualquier otra nueva etapa de la vida. Dicho mapa cuenta con seis directrices que te ayudarán a encontrar el camino en tu recorrido individual, aunque no son pasos que deban tomarse en estricto orden cronológico, sino técnicas que podrán guiarte en tu búsqueda.

- Reflexiona: haz una pausa antes de emprender el viaje y en diferentes momentos del camino para darte cuenta de que los cambios y las opciones vienen de dentro.

- Conecta: pide comentarios y consejos a tus amigos de confianza y guías, consciente de que aislarse resulta fatídico y de que nadie debería emprender el viaje a solas.

- Explora. Es el principio de un viaje hacia el descubrimiento, un análisis de las distintas posibilidades internas y externas, teniendo en cuenta que la curiosidad y el valor son fundamentales para encontrar el camino hacia delante.

- Elige: estrecha las opciones para poder empezar a fijar tus prioridades. Descartar posibilidades, quedándote con las que mejor se adaptan a lo que quieres ahora, te permite sumergirte de lleno en tu camino y contrastar tu decisión con la realidad.

- Vuelve a hacer el equipaje: decide qué es lo imprescindible en el trayecto que tienes delante, qué vas a dejar atrás y qué quieres conservar para aligerar la carga tangible e intangible en tu nuevo camino.

- Actúa: da el primer paso para hacer realidad las posibilidades. Recuerda que la acción no consume energía, sino que la libera mediante el optimismo que acompaña a la toma de decisiones, la curiosidad y el valor.

Si optas por dejarte llevar por el mapa, habrás elegido integrarte en la comunidad de pioneros de la vida reinventada, sea cual sea tu edad.

5. El pilla-pilla

Esta es la historia de una persona que tomó esa decisión.

Betty Smith odiaba su trabajo de funcionaria. Después de dar a luz a su hija, aquella veinteañera esquelética se convirtió en una mujer de más de 90 kilos que se alimentaba de comida basura y fuamba. Esa no era la vida que se había esperado a los 30.

Un día, en el parque, su hija Tracy quiso jugar al pilla-pilla. «¿A que no me pillas?», dijo después de tocarla y marcharse corriendo. «Tenía toda la razón —explica Betty—. Estaba en muy baja forma y me faltaba el aliento. Pensé que si seguía por ese camino no vería a mi hija crecer».

Cuando Betty se dio cuenta de que podía tomar una decisión que cambiase su vida por completo, estuvo ante su instante de vida reinventada. Todo empezó con un cambio de mentalidad que alteró la manera en que veía su vida en el futuro. Gracias a ese momento, Betty vio con una claridad alarmante un nuevo propósito para su vida y una serie de técnicas que la ayudarían a alcanzarlo. Aquel instante de vida reinventada cambió la forma en que se veía a si misma y la forma en que experimentaba el mundo.

Dejó de fumar. «Cada vez que encendía un cigarrillo pensaba que no debería fumar, hasta que me di cuenta de que necesitaba estar ahí para mi hija —recuerda—. Eso fue lo que me animó a dejarlo».

Se diseñó una dieta vegetariana a base de fruta y verdura, con cereales integrales, legumbres, semillas y frutos secos. Cuando viajaba, incluso a países como Francia, con su célebre gastronomía, se ceñía al régimen e incluso llevaba en la maleta botes de garbanzos para asegurarse de ingerir suficientes proteínas.

Tomó la decisión de andar con frecuencia y los kilos empezaron a esfumarse. Los paseos se convirtieron en carreras, primero de tres kilómetros, luego de seis y después de diez. Empezó a participar en maratones por todo el mundo y después pasó a los ultramaratones. De ahí fue al más todavía y se inscribió en carreras de 24 y 48 horas. «Llevo corriendo 43 años, casi sin parar, y me he cronometrado más de 160.000 km», explica Betty, que ha corrido en más de setenta maratones, en todos los continentes y en lugares tan exóticos como el hielo de la Antártida o las pirámides de Egipto.

Aquel pilla-pilla en el parque también le hizo plantearse su vida laboral. Volvió a estudiar y obtuvo una licenciatura, para después sumarle un máster y más tarde un doctorado. Abandonó su aburrido puesto de funcionaria y se embarcó en una carrera de treinta años de educación infantil.

«He llegado a un punto en el que puedo envejecer y ser a la vez siempre joven», asegura. A sus 71 años, afirma que «todas las personas tienen una fuerza interior, pero no se dan cuenta y no le sacan provecho. Esa fuerza está ahí, esperando a que la pongamos en marcha».

El caso de Betty Smith es una historia de vida reinventada. Demuestra lo que es posible cuando vivimos con capacidad de decisión, curiosidad y valor, y que la oportunidad de descubrir nuevas posibilidades que nos interesen, con nuestras condiciones, está ahí a los 50, 60, 70... o incluso a los 30.

6. ¿A qué personas va dirigida la vida reinventada?

Hay muchos tipos de historias de vidas reinventadas. Algunas tratan de la familia y las relaciones, otras del trabajo o la profesión, de la salud o una nueva destreza, o de cómo superar una tragedia o el desamor. Algunas están protagonizadas por personajes famosos que han elegido la manera en que quieren dar forma a su vida, independientemente de la fama o la riqueza. Otras hablan de gente corriente que decide vivir según sus propias reglas y busca una sensación de plenitud. Lo cierto es que la vida reinventada nos afecta a todos.

La vida reinventada va dirigida a las personas oprimidas por el dolor o aupadas por las posibilidades, empujadas por el miedo o propulsadas por las aspiraciones. Sirve para aquellos que acaban de terminar una relación, están empezando una nueva o se han propuesto mejorar la que ya tienen. Está diseñada para ayudar a esas personas que tratan de darle sentido a su vida o se plantean empezar una distinta, o a quienes se enfrentan a la vejez y la jubilación o desean cambiar de rumbo en un momento de incertidumbre económica. También va para las personas en apuros económicos, abrumadas por los cuidados a un enfermo o que desean crearse una nueva identidad que refleje mejor su forma de ser en realidad. Está pensada para las personas que buscan un significado nuevo en una vida que se ha vuelto anodina.

En otras palabras, es para aquellas personas que están viviendo sus instantes de vida reinventada.

La vida implica cambios; es inevitable y deseable. Para tomar las decisiones correctas necesitamos orientación y consejos, nuevas destrezas y prácticas, y eso es lo que la vida reinventada nos ofrece.

Lo cierto es que el arte de reinventar la vida se aprende, y la búsqueda de lo que está por venir en esta nueva fase de la vida es uno de los movimientos sociales más poderosos de nuestra época.

7. ¿Qué está por venir?

A fin de cuentas, tú eres el que decide. ¿Quieres emprender el viaje hacia la vida reinventada? ¿Quieres añadir tu historia a la de los miles (o millones) de pioneros curiosos y valientes que han reinventado sus vidas? ¿Deseas unirte al movimiento de la vida reinventada?

Las cosas empiezan a ponerse interesantes. ¿Nos acompañas?

¡Esto no es lo que me esperaba! 01

El título de este capítulo es una frase muy utilizada para describir la reacción que se tiene ante una serie de experiencias vividas en un mundo que cambia deprisa y que ha dejado de ser lo que era. Al empezar cualquier conversación sobre lo que se siente en esta nueva etapa de la vida, escucharemos una lista larga y variada de las cosas que la gente no se esperaba.

> «No me esperaba estar divorciado a mi edad o estar empezando una nueva relación».

> «No me esperaba estar sin trabajo o tener la oportunidad de abrir mi propio negocio».

> «No me esperaba que mi hijo se viniera a vivir a casa o que yo tuviera que irme a vivir con él».

> «No me esperaba que mi pensión no valiese nada o tener dinero suficiente para hacer el viaje que siempre había soñado».

Por lo visto, las personas esperan que, al llegar este momento de la vida, todo esté bajo control: que cuando hayan alcanzado cierta edad tengan suficiente dinero, posición, experiencia... y todo como ellos quieren. «Pensaba que, llegado a esta edad, lo entendería todo» es el argumento.

Lo que no esperamos es tener que seguir descifrando cada aspecto de nuestra existencia, sea cual sea nuestra edad, o enfrentarnos a desafíos imprevistos que cada vez parecen llegar con más rapidez, frecuencia y turbulencia, y con menos anticipación. En un mundo cambiante ha llegado el momento de que alteremos los supuestos, las expectativas y nuestra mentalidad acerca de lo que es posible. Es hora de que una nueva historia sustituya a la antigua.

1. La vieja historia

Desde hace cincuenta años o más, la jubilación ha sido el único destino de la vida. Se hablaba de la edad dorada, una vida de ocio, sin la presión del reloj ni las exigencias del trabajo. La jubilación era el final deseado en la vida y el tiempo libre era la definición del éxito, la recompensa que nos esperaba después de tantos años de trabajo.

Curiosamente, tuvieron que pasar cinco décadas para que un plan hecho y derecho de jubilación tomase cuerpo, descrito en su propio idioma y apoyado en las pensiones, las políticas, la seguridad social y los grupos de jubilados.

Tras medio siglo de evolución, la manera en que pensamos sobre la trayectoria vital ha estado dominada por una vieja historia conocida. Es una imagen mental anticuada sobre el ciclo vital que llevamos en la cabeza, lo sepamos o no. Tiene forma de parábola simple, un arco que asciende desde el extremo inferior izquierdo y se curva hacia la derecha hasta llegar arriba, para después bajar hacia el extremo inferior derecho.

Cuadro 1.1 La vieja historia

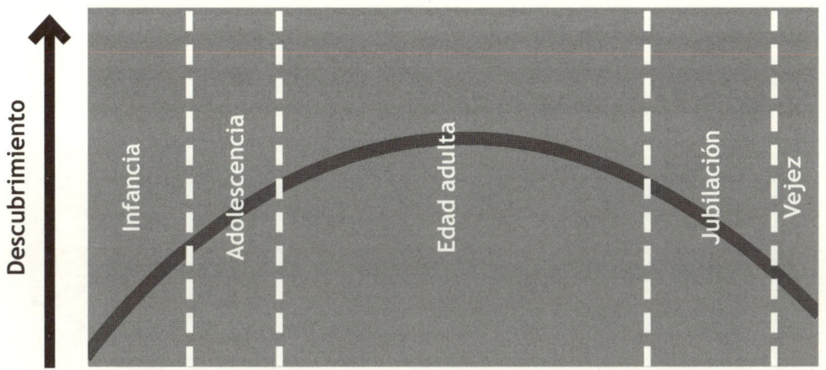

Esta imagen representa lo que casi todos suponemos que significa la realidad de envejecer. Según ella, todos empezamos de cero, dispuestos a aprender, crecer y descubrir nuestro potencial. Subimos durante los primeros años y hasta la mediana edad, momento en el que hemos alcanzado la cumbre de nuestra vida, el vértice de la parábola. Después empezamos un proceso que nos lleva a la jubilación, más tarde a la vejez y por último a la muerte. Así llegamos al final del gráfico, al punto de salida en el extremo inferior derecho.

Esta vieja historia tiene dos problemas. El primero es que da una imagen descorazonadora, preocupante e incapacitante, con ambos lados de la curva idénticos pero invertidos. Cuando subimos estamos llenos de vida, comprometidos, dispuestos a aprender, expresarnos y crecer. De bajada nos cerramos a todas esas posibilidades y lo único que hacemos es caer; lo único que importa es cuándo llegará el final y si será muy duro.

El segundo problema es que la vieja historia es errónea. No coincide con nuestra forma de vivir, ni describe la nueva realidad de nuestras vidas ni la de las generaciones venideras. Por eso necesitamos otra historia que se ajuste a la nueva realidad.

2. La nueva historia

Imagínate otra curva.

Cuadro 1.2 La nueva historia

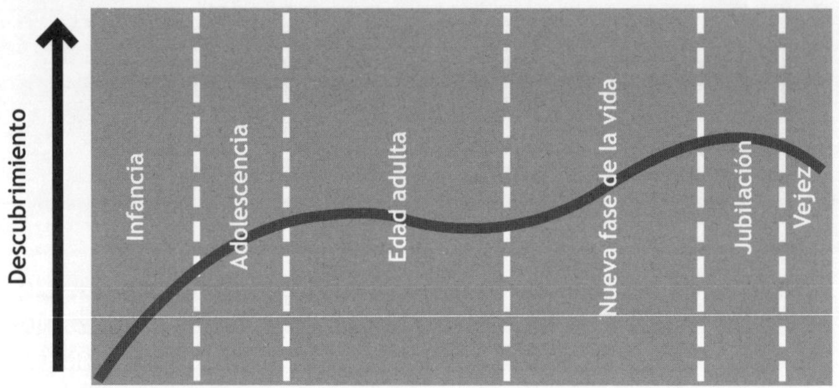

Esta curva también empieza a la izquierda y se arquea hacia arriba hasta llegar a un punto concreto pero, en lugar de descender en un punto simétrico como la antigua, baja un poco y vuelve a subir. Sigue subiendo lentamente durante un largo periodo para después allanarse y acabar cayendo al final.

Esta segunda imagen representa la nueva historia de la vida reinventada. Es la historia real, ya que cada vez es más común. Si planificar la jubilación daba forma a la otra historia y afectaba al resto de la vida que la antecedía, ahora cada nueva etapa cambia la siguiente. Es la historia de las edades, de todas ellas, y afecta a la sociedad entera por las nuevas opciones y posibilidades que ofrece.

Si la vieja historia construía gradualmente un sistema en el que apoyarse, la nueva también reorganizará y recreará todos los elementos de nuestra vida. Gracias a la vida reinventada, nos encontraremos a un lado del espectro participando en intensos debates políticos sobre la sanidad, la seguridad social, el empleo y el paro, la vivienda, la tecnología, etc. Al otro extremo, descubriremos y crearemos nuevas ofertas y soluciones empresariales que afectarán a las vidas de millones de personas con unas herramientas y técnicas capaces de transformar las opciones que tenemos delante y los caminos que se abren ante nosotros. La nueva historia da forma a una nueva realidad para todas las generaciones futuras; está remodelando la arquitectura social y dando lugar a uno de los movimientos sociales más importantes de nuestra época.

3. La espiral de la vida reinventada

La mejor forma de comprender la nueva historia es reimaginarse la vida en forma de espiral, una especie de tornado que empieza en la parte inferior y gira hacia arriba creando una serie de bucles en expansión. Piensa en este dibujo como un primer plano de la trayectoria de tu vida, con giros y vueltas, opciones y desafíos desde que naces hasta que mueres.

Cuadro 1.3 La espiral de la vida reinventada

Cuando te encuentras en una parte plana de la espiral, la vida se sitúa en una meseta y todo parece estar bajo control. Tienes un buen trabajo, salud, dinero, familia y una red de amigos y compañeros con los que compartir tu vida. En esta etapa incluso puedes llegar a creer que lo tienes todo solucionado o, por lo menos, te sientes satisfecho con la situación.

De repente, sin que puedas evitarlo, un detonante te hace caer desde la parte plana hacia una zona nueva, un limbo.

4. ¿Qué es un detonante?

Un detonante es un suceso externo que altera la situación de comodidad que estábamos viviendo. Puede ser una simple llamada de atención o una decisión consciente. Son los momentos en que cambia el juego y tenemos que adaptarnos a las nuevas reglas.

Los detonantes pueden ser positivos:

> ¿Estás en una nueva relación? ¡Qué bien! Te sientes abrumado por tantas emociones.
>
> ¿Has creado una empresa? Los retos te llenan de energía pero no te dejan dormir, pensando en las posibilidades y en los problemas.
>
> ¿Has vuelto a estudiar? Tendrás la agenda a rebosar, llena de clases y tareas pendientes.

Los detonantes positivos manifiestan el estado de ánimo de la vida reinventada porque estás tomando decisiones, demuestras curiosidad y actúas con valor.

Sin embargo, también pueden ser negativos:

> ¿Alguien a quien aprecias ha ido al médico y le han dado un diagnóstico médico incierto? De repente, te quedas

paralizado por el miedo y tu vida emocional se enturbia de preocupación.

¿Algún conocido ha perdido su empleo tras décadas de estabilidad? No sabe adónde ir o por dónde empezar y te solidarizas con su ansiedad. Quieres ayudar pero no sabes cómo.

¿Alguien cercano se ha visto sorprendido por un divorcio inesperado? La estabilidad de una relación a largo plazo ha dado paso a la experiencia desconocida e inoportuna de aprender a vivir solo por primera vez en mucho tiempo.

En esos momentos sentimos que la vida se nos va de las manos y decimos u oímos decir a otra persona que no era eso lo que esperaban. Nos preguntamos qué estará por venir y el interrogante parece una prueba indeseada o una amenaza más que una promesa. La incertidumbre y la impotencia nos dominan; la vida pasa ante nuestros ojos.

Hay otros detonantes pequeños y sutiles, señales que se añaden para avisarnos de que la vida está atravesando un cambio gradual, acumulativo y tal vez inevitable. Son los detonantes de las zonas grises de la vida. Ante ellos podemos adoptar dos actitudes: quedarnos a vivir en esa zona gris o responder a la molestia de la ambigüedad y actuar con decisión. Por ejemplo, ha surgido una categoría nueva de personas preocupadas y descontentas con su trabajo que, aun así, no están dispuestas a abandonarlo. Les preocupa que otra persona tome la decisión por ellas. Trabajan y se preocupan.

La misma ambigüedad es válida para las relaciones. No todas se ajustan al marcado dualismo del bien y el mal, la felicidad y la infelicidad, sino que muchas están anquilosadas. Se encuentran en un punto muerto que no es tan grave como para acabar en ruptura ni lo bastante bueno como para ser satisfactorio. El anquilosamiento relacional nos lleva a preguntarnos si más vale lo malo conocido.

Lo cierto es que cambiamos sin parar. Nuestros valores y prioridades cambian, sufrimos arrebatos de confianza y rachas de dudas, nuestras relaciones se forman, evolucionan, se rompen, se reforman... Nuestro esfuerzo pierde energía o se revitaliza. Todo esto da forma a la espiral continua y compleja de la vida.

5. La vida en el limbo

Los detonantes (positivos y negativos, sutiles o inequívocos) nos envían a un limbo, un periodo de incertidumbre, de preguntarnos qué está por venir y de sufrir angustia ante lo desconocido.

Estar en el limbo es aprender a superar las fases intermedias. A consecuencia de un detonante, ha terminado una fase de estabilidad o incluso una etapa de la vida y, aunque miremos hacia delante, no conseguimos ver la siguiente. Nos vemos obligados a convivir con el interrogante de qué vendrá después. La puerta de atrás se ha cerrado y aún no vemos las nuevas puertas que nos esperan, o sí las vemos pero no estamos preparados para tomar la decisión de abrirlas.

Estar en el limbo puede producir el mismo miedo que causa la incertidumbre o incluso ser más debilitante aún. El limbo puede dar paso a la resignación, a una sentencia de cárcel en la que aceptamos que lo que pasa es porque debe pasar. Algunas personas se dejan caer en la trampa de vivir según la vieja historia, como si fuera su nueva realidad. «¿Qué otra cosa puede esperarse de alguien de mi edad?» es como se acepta pasivamente la vida en el limbo.

Cuando un número, la edad, se convierte en nuestra seña de identidad, renunciamos al poder de decidir el futuro. Los 60 no son los nuevos 40; los 60 son los nuevos 60, pero hay una nueva forma de vivirlos.

6. Morirse sin saberlo

El peor escenario para quienes sucumben al limbo es la muerte interior o, mejor dicho, morirse sin saberlo. Esas personas suelen pensar que no tienen suficientes cosas o no son lo bastante buenas, y se quedan atrapadas en las comparaciones o en una versión idealizada e inalcanzable de ellas mismas.

La muerte interior sucede cuando se deja de crecer, cuando uno se rinde o cuando siempre se toma el camino fácil y seguro. Como cualquier otra enfermedad, la muerte interior se caracteriza por una serie de síntomas reconocibles que permiten su diagnóstico: la tendencia a evitar tomar decisiones, soñar con la jubilación anticipada, hablar constantemente de los proyectos que uno quiere realizar sin empezar ninguno de ellos, el insomnio, el sonambulismo diurno, la irritabilidad como estado emocional por defecto, la repetición continua de los mismos temas de conversación semana tras semana, o ahogarse en el alcohol como válvula de escape.

En último término, la muerte interna es el fallecimiento del amor propio. Sin embargo, para quienes aceptan el limbo como una oportunidad de reinventar sus vidas, esta fase intermedia puede ser apasionante porque estar en el limbo nos anima a mantener una conversación más intensa y transformadora con nosotros mismos. Tal vez no te entusiasme el limbo, pero puedes aceptarlo e implicarte a fondo con el desafío que representa.

El limbo es una crisis energética. Tanto si huyes de él como si te resignas con pasividad, te quedarás sin fuerzas. Cuando decidas que el limbo es una oportunidad para el autoanálisis, descubrirás nuevas fuentes de energía y posibilidades.

7. Detonante en el parque

Lo importante no es el hecho de que se produzca un detonante en nuestras vidas que nos empuje hacia el limbo, sino cómo reaccionar cuando suceda, porque nos va a suceder en cada una de sus fases y de distintas maneras. ¿Nos escondemos o avanzamos hacia la incertidumbre? ¿Respondemos movidos por el miedo o seguimos caminando con valentía?

El caso de Rich Luker ejemplifica la superación del miedo y el avance hacia el instante de vida reinventada, con valor. Su historia demuestra que un detonante positivo puede hacer realidad un sueño renovado e irreemplazable, pero pospuesto durante mucho tiempo.

De niño, en Ann Arbor, su ciudad natal, Rich soñaba con poder jugar al béisbol, pero no era lo que se dice un buen deportista. Bajito e inseguro, prefirió cumplir las expectativas de su padre y quedarse en casa a estudiar en vez de practicar su deporte preferido.

«Tenía miedo a todos los niveles —recuerda—. Me preocupaba lesionarme y hacer el ridículo». Sin embargo, el béisbol le seguía atrayendo y consiguió sacar tiempo para hacer de portabates para el equipo de la Universidad de Michigan. «Tenía clases de deporte pero no jugaba. El gusanillo del béisbol me picó pronto y se quedó conmigo, pero la idea de disfrutar jugando no se me había ocurrido», explica.

Cuando Rich se hizo mayor, se trasladó a San Petersburgo (en Florida) y se ganó la vida como investigador y asesor. Un buen día, ya cincuentón, estaba hablando por el móvil en un parque cuando vio a un grupo de hombres de su edad y más mayores que jugaban al sófbol en un campo de béisbol. Se les quedó mirando y aquel ingenuo partido se convirtió en un detonante que le cambió la vida. «Estaba sujetando el móvil con una mano y me quedé paralizado —recuerda Rich—. Ni siquiera recuerdo que me despidiera; colgué sin más. Estaba mirando a través de la valla y veía algo que me apasionaba. Decidí que tenía que hacerlo».

Fue el instante de vida reinventada de Rich. No solo descubrió la forma de hacer lo que siempre había querido hacer sino que, además, podía convertirse en la persona que quería ser y llevar la forma de vida con la que había soñado. Cambió el aspecto lúdico de su vida y ese cambio afectó a todos los demás aspectos, de dentro afuera.

Tras una vida entera cumpliendo las expectativas de otros, Rich jamás se había planteado jugar al sófbol. «Me pasé la vida mirando sin hacer nada —confiesa—. Ni siquiera me daba cuenta, que es lo más sorprendente».

Hoy Rich sigue en su mismo puesto de trabajo, pero tras el detonante inicial en el parque quiso participar en una liga, formar un equipo y demostrar que era capaz de jugar. Aun así, el detonante no se limitó al deporte sino que también le permitió tomar la decisión de superar las expectativas de la edad, cambiar la forma en que veía las posibilidades de la vida y alterar sus prioridades según su nueva etapa vital. Ahora, durante la temporada de sesenta partidos de sófbol, Rich tiene la agenda de trabajo vacía entre las nueve y las diez de la mañana los lunes, miércoles y viernes. Esas horas están reservadas para jugar al deporte que siempre le ha gustado con sus nuevos compañeros de equipo.

«¡Menuda prioridad! —exclama—. Parece extraño equilibrar la vida así para que el trabajo no lo sea todo en tu día a día, pero, en el fondo, todo empieza y termina con la decisión de perseguir lo que uno quiere».

8. La vida es dura

En cuanto a las expectativas, la vida reinventada afirma que puedes encontrar nuevas posibilidades en esta nueva etapa, pero solo si te tomas la molestia de crearla de nuevo. De lo contrario, no podrás progresar. «Si no consigues quitarte algo de la cabeza, lucha por ello». Esa es la dura realidad de una vida bien vivida.

La vida reinventada no promete resultados instantáneos o finales de cuento de hadas porque hasta la mejor historia tiene episodios duros cuando se hace realidad. El problema es que algunas personas permiten que sus miedos y decepciones, su pasado negativo o sus ideas preconcebidas no les dejen intentarlo. Eligen vivir el círculo vicioso de la duda y la desilusión. El trayecto de la vida reinventada es duro y no hay nada garantizado, pero también es verdad que sucumbir a las dudas y al pensamiento negativo solo asegura el fracaso.

9. Los tres preceptos

La vida reinventada anima y capacita a cualquier persona a descubrir sus posibilidades reales. Es una llamada a la acción, un grito de guerra para que hagamos el duro trabajo de volver a crear nuestra propia vida, y se basa en tres grandes preceptos:

- La toma de decisiones no es opcional. Decidir es difícil y necesario, por lo que debemos hacerlo sin victimizarnos. La vida reinventada es un viaje por las decisiones que se toman día a día.

- La curiosidad trae cambios. Dar rienda suelta a la curiosidad es una manera de precipitar la vida que nos permite mirar el mundo y a nosotros mismos con otros ojos. Es la cura de la muerte interior y da origen a un mundo de posibilidades reales.

- El valor es compromiso. Atreverse significa comprometerse a hacer algo, exige un discurso valiente y actos audaces, aunque no parezcan muy significativos.

Sé realista | 02

Antes de continuar el viaje hacia la vida reinventada ha llegado el momento de fijarnos en la cruda realidad o, por lo menos, en lo que algunos piensan que es la realidad. Este capítulo va dirigido a los escépticos, a los cínicos y a los que piensan que la vida reinventada no es para ellos. Se lo dedicamos a cualquiera que la descarte por ser un ideal ingenuo o un sueño imposible y no se moleste ni siquiera en intentarlo, o a quien lea este libro y conozca a una persona que se atenga a esa descripción.

Todos conocemos a alguien así. En la fase de documentación para escribir este libro conocimos a personas como estas en casi todos nuestros encuentros, reuniones y talleres. Tú también las conoces: son aquellas que cuando te oyen hablar de tus proyectos ponen los ojos en blanco. Hablan de lo que les gustaría hacer, algún día, y acto seguido explican por qué es imposible hacerlo ahora o tal vez nunca.

Reconocen las oportunidades y posibilidades pero se cruzan de brazos y dicen: «Ya, pero...». Cuando oyen el grito de batalla de la vida reinventada, miran el mapa y las técnicas, leen las historias o ven los vídeos, enseguida deciden que no funciona. Para ellos, por lo menos, la realidad no es así.

> «¡Sé realista! No puedo permitírmelo. Tengo que seguir haciendo lo que hago para pagar el alquiler».
>
> «¡Sé realista! Si no sé lo que quiero hacer ni cómo elegir, ¿cómo se supone que voy a decidirme?».

> «¡Sé realista! No puedo dar ninguno de esos pasos. Sería demasiado para mi mujer (mi marido, mi pareja) y ¿quién quiere más problemas?».

> «¡Sé realista! Todo esto no es para mí. Funciona para unos pocos privilegiados y yo no pertenezco a ese grupo».

Este capítulo va dirigido a todas las personas que ponen excusas, obstáculos, explicaciones y justificaciones. Queremos responder a todos esos comentarios negativos, uno por uno. Pero primero te diremos la verdad: todos los peros a la vida reinventada no están dirigidos a lo esencial de la cuestión, porque tú eres el responsable de moldear tu propia realidad. Quieres salir del apuro echando balones fuera y pones la realidad como excusa.

La vida reinventada es un concepto realista. No es una teoría abstracta aplicada a la vida, sino una manera práctica y pragmática de vivir que permite a cualquiera explorar paso a paso nuevas posibilidades. Así es como cualquiera, incluido tú, puede dar forma a su propia realidad.

Analicemos las excusas de antes, una por una.

> «¡Sé realista! No puedo permitírmelo. Tengo que seguir haciendo lo que hago para pagar el alquiler».

El dinero es complicado y punto. Muchos se dejan la piel para sobrevivir y creen que no podrán comprometerse con la vida reinventada hasta que sus hijos se vayan por fin de casa, la hipoteca esté pagada y empiecen a cobrar la pensión.

Sin embargo, todos nos podemos hacer una idea de lo que nos gustaría hacer cuando tengamos bastante dinero, o presupuestar lo que nos costaría reinventar algún aspecto de nuestras vidas. También existe la posibilidad de hablar con alguien que ya lo haya hecho para averiguar los entresijos de caminar en esa dirección.

Casi todas las partes del mapa de la vida reinventada son gratis. Reflexionar no cuesta nada y, aun así, pocos lo hacen. Relacionarnos con los demás, compartir ideas y aprender de la experiencia ajena también es gratis. Analizar no entraña gastos, ni elegir y centrarse en la dirección hacia la que te gustaría ir. Cuando haces las maletas hasta es posible que ganes dinero vendiendo objetos de segunda mano y deshaciéndote de lo que ya no necesitas. También puedes recortar gastos prescindiendo de lo que no es básico. Solo cuando actúes surgirá la posibilidad, y nada más que la posiblidad, de que tengas que gastar dinero.

Así es como puedes ser realista frente a quien te diga que no puedes permitirte el viaje hacia la vida reinventada. En realidad, muchas personas se esconden detrás del dinero como excusa. En nuestra cultura, el dinero tiene tanta carga emocional que se ha convertido en la primera línea de defensa a la hora de explicar por qué es imposible cambiar de vida. Es un mecanismo de evasión perfecto.

Estas son las tres preguntas que debe plantearse cualquiera que diga que no puede permitirse hacer lo que realmente quiere hasta tener suficiente dinero: ¿cuánto es suficiente? ¿De verdad lo quieres? ¿Qué precio estás pagando por no hacerlo? Si una persona no se atreve a plantearse estas cuestiones, para ella el dinero es una excusa, no un problema. Esa es la realidad.

> «¡Sé realista! Si no sé lo que quiero hacer ni cómo elegir, ¿cómo se supone que voy a decidirme?».

Esta es la respuesta del «Sí, pero...» que se debe al desconocimiento de cómo se producen los cambios. Lo cierto es que el enfoque de la vida reinventada exige una investigación exhaustiva de cómo se generan los cambios en el mundo real. La teoría imperante es que primero hay que saber lo que se quiere hacer y después aplicar esos conocimientos para dar los pasos necesarios. Gran error.

En realidad, los cambios se producen al revés: primero vienen los actos y después la comprensión. Cuando actúas (te pones a investigar, miras a tu alrededor y recoges impresiones y datos), empiezas a averiguar lo que de verdad quieres hacer. Resulta que, al final, la acción precede al conocimiento.

La teoría de que hay que saber lo que uno quiere hacer antes de descubrir cómo hacerlo nos brinda una excusa cómoda para quedarnos sentados, negarnos a analizar las posibilidades y aceptar la situación actual. Sin embargo, ninguno de nosotros conoce con seguridad el camino que lleva desde donde estamos al punto siguiente. En realidad, vemos el camino cuando empezamos a andar.

Lo que habría que responder a las personas que se creen incapaces de utilizar el mapa de la vida reinventada porque no están seguras de lo que quieren hacer es que el único obstáculo son ellas mismas. Esa es la realidad.

Aquí tienes dos preguntas que te ayudarán a salir del atolladero: empezando donde estás ahora, ¿cuál sería el primer paso más sencillo que podrías dar? Y, además, ¿quién podría dar ese primer paso contigo?

> «¡Sé realista! No puedo dar ninguno de esos pasos. Sería demasiado para mi mujer (mi marido, mi pareja) y ¿quién quiere más problemas?».

Esta excusa no tiene nada que ver con la vida reinventada sino con la calidad de muchas relaciones hoy en día. En este caso, el análisis realista desvela que la mayoría de las personas se sienten incapaces de hablar de lo que realmente les importa con sus seres queridos. Mantener una conversación sincera es el mayor obstáculo de todos.

Sin embargo, ocultar la verdad no funciona en la vida reinventada, ya que esta se basa en la libertad y la responsabilidad, y exige entablar conversaciones valientes que derriben los muros que se han ido levantando con los años. Podemos enterrar los sentimientos, pero seguirán ahí y nos corroerán por dentro.

Intenta entablar una conversación valiente para explorar la vida reinventada. Tu pareja o cónyuge, amigo o compañero tal vez no sepan lo que quieres hacer si no se lo dices. Y es posible que no te des cuenta de las ganas que tienes de hacerlo hasta que lo intentes.

La vida reinventada no supone una amenaza ni es un arma que tengamos que desenfundar en nuestras relaciones, sino una oportunidad, una forma de darnos permiso. Si necesitas una excusa para analizar una opción, hablar de un tema o incluso intentar algo, la vida reinventada te la ofrece.

Si tu principal temor es mantener una conversación con la persona más cercana a ti, hay dos preguntas que deberías hacerte: por mucho que te cueste romper el hielo, ¿cuál es el precio de quedarte callado? ¿Qué podrías hacer como preludio a tu conversación valiente para que, cuando por fin la empieces, hables de algo que ya hayas analizado, en vez de estar pidiendo permiso para investigarlo?

> «¡Sé realista! Todo esto no es para mí. Funciona para unos pocos privilegiados y yo no pertenezco a ese grupo».

Sinceramente, las personas que dicen eso se quejan de que todo está en contra de ellos. ¿Para qué molestarse en actuar? Y tienen razón, hasta cierto punto.

Las cosas están en contra de nosotros de muchas maneras, en algunos casos más que en otros. El contraste con la realidad demuestra que la longevidad, por ejemplo, está interconectada con la educación, la clase y la raza. Existen diferencias en las experiencias y posibilidades de las mujeres y los hombres que se acercan a esta etapa de la vida.

Eso es verdad, pero también es cierto que siempre hay posibilidad de elegir. La gran libertad humana es elegir nuestro camino, sean cuales sean las circunstancias.

Por cada persona que ha pasado por una enfermedad, un divorcio o un despido y se ha sentido incapaz de actuar frente a la desgracia, hay otra que ha vivido la misma experiencia y ha respondido creyendo que un nuevo camino era posible. Algunos aceptan los problemas con resignación mientras que otros los aprovechan para empezar de nuevo. Simplemente, las personas eligen reaccionar, a las mismas experiencias, de maneras diferentes. Esa es la realidad.

Otro aspecto de la realidad es que todos tenemos las mismas inquietudes y nadie se libra de enfrentarse a los momentos duros de la vida. Puede que el dinero, la educación y la posición social creen la ilusión de inmunidad y, sin duda alguna, aportan cierta comodidad cuando las cosas se ponen feas, pero hasta los más ricos se ven obligados a responder a preguntas como «¿qué te motiva a levantarte por las mañanas?» o «¿qué te mantiene despierto de noche?». Ni siquiera el dinero es capaz de amortiguar algunos tipos de dolor cuando sobrevienen los grandes retos de la vida.

En este caso, la percepción es la realidad. Si uno se siente desprovisto de opciones acaba careciendo de ellas. Si no se molesta en actuar porque cree que el juego está amañado ya ha perdido.

1. «Miedo a emprender el camino»

Si hay alguien que ha puesto excusas para no reinventar su vida esa ha sido Barb Timberlake. A los 49, sigue viviendo en la misma casa de Arlington en la que creció, aunque su domicilio es casi el único aspecto de su vida que no se ha reinventado en los tres últimos años.

Barb trabajó 26 años para el Servicio Forestal de Estados Unidos, en un empleo seguro y estable, con una misión sin duda admirable, pero que en ningún momento le hizo sentir satisfacción. «He vivido 26 años sentada en una oficina —explica—, y nunca pasó de ser una obligación. Cada vez que salía por la puerta, desaparecía».

Entonces no lo sabía, pues desconocía el lenguaje de la vida reinventada aplicable a sus circunstancias, pero presentaba los síntomas de la muerte interna. «Recuerdo ir andando al trabajo arrastrando los pies y con la cabeza baja. Estaba yendo a un lugar adonde no quería ir. Me sentía oprimida en el cubículo y moría poco a poco», explica.

Fue el instante de vida reinventada de Barb. Se produjeron varios detonantes, que fueron acumulándose para avisarle de que había llegado la hora, tal vez hacía mucho, de reinventar su vida. Tenía sobrepeso y le diagnosticaron problemas de tiroides que le producían accesos de depresión. Su madre, de 88 años de edad, necesitaba cada vez más atención. Entonces, el Servicio Forestal le ofreció la jubilación anticipada con las prestaciones sanitarias intactas.

«Desde siempre me habían interesado los animales —cuenta Barb—. Estoy convencida de que debería haber estudiado una carrera relacionada con ellos pero no me decidía por ninguna. ¿Veterinaria? Pensé en otras opciones también, pero no estaba segura». Mientras trabajaba de funcionaria se dedicaba a cuidar animales a jornada parcial para echar una mano a sus amigos cuando se iban de vacaciones y no tenían con quién dejar al gato o al perro. Nunca se lo planteó como un trabajo serio, un negocio o una forma de ganarse la vida. Una mezcla de miedo y exceso de análisis (pensar sin actuar) le impedía averiguar sus nuevas posibilidades.

«Creo que tenía miedo de emprender el camino —reconoce—, porque no había ninguna seguridad, sino muchos elementos extraños, y yo no soy precisamente amiga de lo desconocido». Pero Barb seguía pensando en dedicarse al cuidado de animales, así que al final se decidió a contrastar su idea con la realidad para ver las posibilidades de llevarla a cabo.

«Era una idea aterradora —asegura—. No estaba convencida de que pudiera ganarme la vida pero sabía que tenía suficientes clientes que me adoraban y a quienes no les importaría correr la voz y ayudarme a conseguir la clientela necesaria para conseguirlo». En otras palabras, la prueba de realidad de Barb le aportó una nueva sensación de lo que era real. En lugar de suponer que nunca llegaría a generar suficientes ingresos cuidando animales, dio el paso de contrastar su idea. Calculó lo que necesitaba en términos de sueldo y lo que hacía falta para conseguirlo.

Ahora pasa los días cuidando a sus «bichos», como ella dice (perros, gatos e incluso hámsteres y conejos), y lo hace siguiendo un horario que le permite cuidar de la salud de su madre y de la suya propia. Cuida de los animales pero, sobre todo, ellos la ayudan a cuidarse a sí misma. «La curación ha sido mutua —afirma—. Ellos me han ayudado muchas veces a salir del cascarón y me gustaría pensar que yo he hecho lo mismo por ellos». Su vida entera ha mejorado: su salud física y mental, sus relaciones y su actitud en general hacia sí misma. Y por encima de todo, tiene más tiempo para estar con su madre.

Sus clientes la han acogido con los brazos abiertos no solo como cuidadora de sus animales sino también como una amiga, esa persona casi de la familia a la que pueden pedir consejo en situaciones de emergencia. «Tengo clientes que me tratan como a un miembro más de su círculo cercano. Algunos dicen que soy la segunda madre de sus mascotas. Para sus hijos soy 'la tía Barb' porque cuido de sus animales cuando ellos no están y saben que estarán bien porque la tía Barb está con ellos. Es francamente satisfactorio y maravilloso», cuenta.

Reinventarse la vida no ha sido fácil ni sencillo para ella. Hicieron falta decisiones, curiosidad y valor, los tres elementos que componen la prueba del realismo. Y por el camino incluso ha vivido situaciones de cierta inseguridad que ahora recuerda como anécdotas graciosas: «Soy alérgica a casi todos los animales que cuido —explica riéndose—, pero no me importa. Me tomo la medicina y ya está».

No duda ni por un segundo que todo haya merecido la pena. «Me siento muy satisfecha —confiesa—. Por fin, estoy cumpliendo mi propósito. Casi con 50 años he encontrado mi nicho y descubierto lo que se suponía que debía hacer. Nunca me había sentido tan feliz y contenta. A veces salgo a pasear a un perro y me digo a mí misma: '¡Soy tan feliz que da risa! Es lo mejor del mundo'. Por fin he encontrado mi lugar y vivo en el cielo de los perros».

El viaje que emprendió para encontrar su don fue en realidad un viaje hacia sí misma. Reflexionando sobre su vida reinventada, Barb explica que ahora se siente «mucho más segura». «Me siento mucho más cómoda conmigo misma y me preocupo más de mí», confiesa.

La historia de Barb tal vez parezca demasiado bonita como para ser cierta o demasiado perfecta como para ser real, pero lo cierto es que su viaje estuvo lleno de desafíos difíciles y decisiones arduas. De un modo u otro, Barb tuvo que enfrentarse a las cuatro excusas del realismo, porque la duda nos corroe a todos en algún momento.

Lo que la diferencia es que ella se esforzó por superarlo. No dejó que el dinero, la incertidumbre, las expectativas de otras personas o la presunción de un estatus adquirido que podría perder la desalentaran. Trabajó para reinventar su vida en vez de apoyarse en las excusas del realismo y seguir anclada y resignada a una vida sin vivir.

2. Empieza donde estás

El principal obstáculo para plantearse la vida reinventada es la inercia y la única forma de superarlo es empezar. Ahí es donde surge la necesidad del mapa. Los mapas no nos obligan a emprender un viaje, pero permiten que contrastemos la realidad de lo que está por venir.

- No hay ninguna regla a la hora de empezar, aunque varios consejos te ayudarán a ponerte en marcha.

- La vida reinventada no tiene que ver con ser perfectos sino con seguir adelante.

- La vida reinventada no consiste en fijarse un objetivo global: los pasos pequeños también conducen a una nueva forma de vida. Jugar al pilla-pilla con un niño puede indicarnos el camino hacia una nueva dieta y una vida de salud y bienestar. Un paseo por el parque puede despertar el anhelo aplazado de jugar en un equipo de sófbol. Una propuesta de jubilación anticipada puede abrirnos las puertas a una nueva carrera cuidando animales y la sensación de plenitud personal.

- La vida reinventada es una llamada a recibir con los brazos abiertos lo que es posible sin saber de antemano que lo es o si acabará haciéndose realidad.

La vida reinventada es una invitación a contrastar la realidad de tus posibilidades. La promesa no es que descubrirás exactamente lo que creías estar buscando sino que, si empiezas ese proceso, tal vez acabes descubriéndote a ti mismo.

La promesa es que, si te esfuerzas, te verás recompensado. Puedes dar forma a tu realidad, paso a paso.

3. Pioneros de la vida reinventada: Chris Gardner

La vida reinventada tiene sus pioneros, personas que han llevado una vida con libertad de decisión, con curiosidad y con valor en esta nueva etapa. Aunque es cierto que cada persona es un experimento individual, no deja de ser verdad que todos podemos aprender de sus historias.

Uno de esos pioneros es Chris Gardner. Su historia le ha convertido en una leyenda americana y una inspiración para todo el mundo. En el año 2006, el actor Will Smith dio vida a Chris en la película *En busca de la felicidad*, que retrata su lucha por compaginar la paternidad, la mendicidad y una carrera en ciernes de corredor de bolsa. Su negativa a rendirse se convirtió en un largometraje que le valió a Smith una nominación al Óscar a mejor actor, y a Chris, una plataforma para perseguir sus objetivos más ambiciosos de conferenciante, escritor y filántropo. Desde que se estrenó la película, la trayectoria de Chris ha vuelto a cambiar hacia una vida en la que inspira a infinidad de personas en todo el mundo que se enfrentan a los mismos problemas de la pobreza y la paternidad. Su segundo libro, *Comienza donde estás*, ofrece lecciones verídicas sobre cómo llegar desde el punto en el que te encuentras hasta aquel al que quieres ir. Mientras escribe su tercer libro responde a nuestras preguntas sobre su historia.

Tu vida ha sido una mezcla de puntos muy bajos (vivir sin techo tratando de criar a un hijo) y otros muy altos (un gran éxito personal, tocar las vidas de otras personas y ver tu historia convertida en una película estupenda). ¿Qué opinas de las decisiones de la vida frente a lo que nos suelen vender?

Uno de los aspectos que estoy trabajando en mi nuevo libro es el concepto de lo que yo llamo la *genética espiritual*. Todos sabemos qué es la genética: uno tiene los ojos de su madre, la nariz de su padre... Es algo que no se puede evitar. Lo que creo que sí se puede decidir es el espíritu del hombre o la mujer en que nos vamos a convertir. Los científicos toman un único pelo, una partícula de piel o una gota de sangre o de saliva y pueden decirnos mucho sobre quiénes somos: el color de los ojos, la raza, la edad, el sexo y la propensión a una determinada enfermedad. Lo que no pueden decirnos es por qué hemos llegado a ser quienes somos, puesto que eso es algo totalmente espiritual.

¿Cómo describirías tu propia genética espiritual?

Mi madre me dijo desde el principio que podría hacer o ser cualquier cosa y yo me lo creí. Eso pasó a formar parte de mi genética espiritual. Acepté de lleno la enseñanza de mi madre y eso me ha propulsado durante toda la vida. No me dijo que podría «tener», «comprar», «conseguir» o que tenía «derecho a»... Me dijo que podría «hacer» o «ser» y, para mí, eso era aún más importante. Si puedes hacer o ser cualquier cosa, todo lo demás vendrá después. Es cuestión de elegir y actuar.

En parte, la vida reinventada tiene que ver con descubrir nuestro propósito y ser conscientes de nuestros dones, pasiones y valores. ¿Cómo ha funcionado en tu vida?

Supe desde muy temprana edad que quería sobresalir en lo que hiciera. Mi primera ambición en la vida fue ser Miles Davies: él sí que fue sobresaliente. Tuve que aceptar, con la ayuda de mi madre, que no podía ser Miles Davies porque el puesto ya estaba cogido. Tenía que ser Chris Gardner.

Así que debía encontrar algo que me motivara tanto como la música y tuve la suerte de encontrarlo, aunque me costó diez años. En mi segundo libro, *Comienza donde estás*, hablo de hallar el interruptor. ¿Qué es lo que te apasiona tanto que no puedes esperar a que salga el sol por la mañana para hacerlo?

Yo encontré mi interruptor al cabo de diez años y lo apreté. Esa fue la diferencia; muchos sabemos cuál es nuestro interruptor, pero nos da miedo apretarlo».

¿Cómo fue la experiencia de encontrar tu interruptor?

Fue como leer una partitura. La primera vez que entré en una sala de operaciones de Wall Street, el teletipo estaba en marcha, los teléfonos echaban humo, la gente gritaba órdenes y volaba por todas partes. Lo que para cualquier persona habría sido un caos, para mí fue como leer una partitura. Entonces supe que ahí era donde debería estar, no que tal vez podría hacerlo o que me gustaría intentarlo; supe que debía estar ahí.

Llevaba diez años buscándolo. ¿Qué me daría la misma sensación que cuando escuchaba a Miles tocar *Round Midnight?* ¿Qué me haría sentir lo mismo que oír a Charlie Parker en *Birdland?* ¿Dónde estaba esa sensación, esa energía? La primera vez que entré en una sala de operaciones de Wall Street la reconocí. Por eso lo primero que se me vino a la cabeza fue que ahí era donde se suponía que debía estar. Llevaba una década buscándolo.

Otra parte de la vida reinventada se refiere a cómo reaccionamos ante los detonantes. ¿Cómo se produjo tu detonante y cómo reaccionaste ante él?

Mi mayor detonante ha sido la pérdida reciente del amor de mi vida por un tumor cerebral. Tuve el honor de ser el principal cuidador de Holly durante los últimos cuatro años de su existencia. Ella solía preguntarme que, ahora que veíamos lo corta que podía resultar la vida, ¿qué pensaba yo hacer con lo que me quedaba por vivir? Aquello fue un auténtico detonante, el mayor que he recibido.

¿Qué iba a hacer con el resto de mi vida? Tuve que empezar a seguir mis propios consejos. Hacía tiempo que escribía que si haces algo y no estás entregado del todo, si estás haciendo algo por lo que no sientes una gran pasión, te estás poniendo en peligro día a día. Yo había dado ese consejo y había llegado el momento de ponerlo en práctica.

¿Cómo cambió tu vida?

La doctora Maya Angelou me dijo muchas veces que, durante mucho tiempo, algunos hemos vivido en el exilio de las cosas materiales, hasta que llegas a un lugar donde te das cuenta de que lo único que vale es el tiempo.

El dinero se gana y se pierde pero el tiempo no podemos crearlo: cuando se va no vuelve. Decidí no pasar un minuto más de mi vida haciendo cosas solo para ganar dinero. Ahora hago cosas porque me apasionan y me entrego a ellas.

¿Qué funciona? | 03

Lo que no funciona, desde luego, es el miedo. En el proceso de reinventar la vida, el temor es nuestro mayor enemigo. Tememos al pasado y al futuro, a perder lo que nos ha costado tanto conseguir y a las cosas nuevas, al fracaso y a ni siquiera intentarlo, a lo que piensen de nosotros y a que no piensen nada, a no saber la respuesta correcta y a tener demasiadas respuestas.

La lista de los posibles temores es interminable y uno puede acostumbrarse a vivir con miedo toda su vida. Cuando tenemos miedo, la primera reacción es cerrar la mente y lo que ello conlleva: evitación, evasión, negación. Nos cerramos y perdemos la imaginación cuando, a la hora de reinventar la vida, la toma de decisiones, la curiosidad y el valor son nuestros aliados para desechar el miedo.

Reinventarse es una forma de darse permiso, de concederse la libertad de explorar territorios nuevos. A veces funciona sumergiéndonos en el espacio privado de la mente y dando vueltas a las cosas: así descubrimos lo que sentimos. Otras, tenemos que salir al espacio público del mundo real, probar cosas y averiguar lo que funciona.

No pasa nada si no sabes exactamente lo que quieres hacer o si, en cambio, te planteas demasiados proyectos a la vez. No te agobies por no tener la respuesta correcta o por estar poniendo a prueba demasiadas respuestas para ver con cuál te sientes mejor. No te desmoralices si acabas en sitios donde no esperabas o cambias de idea sobre el lugar adonde siempre habías querido ir. Tampoco pasa nada por estar confundido o inseguro, desconcertado o en conflicto, o incluso atascado en el limbo. Lo único que importa es no quedarse ahí para siempre.

1. Entonces, ¿qué funciona?

A medida que vayas descubriendo las posibilidades reales en tu vida, lo que funciona es tener un mapa, decidir el proceso y relacionarte con los demás. Todo está abierto a la exploración, tanto interna como externa. Todo es un experimento y una oportunidad para deshacerse de las ideas y expectativas antiguas, una ocasión para explorar nuevas personalidades hasta encontrar la que se ajusta al momento actual.

Tienes derecho a abrirte a nuevas posibilidades y queremos animarte a que lo hagas. Repetimos que reinventar la vida va a ser complicado pero, como ya sabes después de haber leído la introducción, existe un mapa de la vida reinventada que te ayudará a conocer el territorio. Aunque la vida de cada uno es, por definición, distinta, el mapa es una herramienta válida para todos.

El mapa no va a decirte lo que tienes que hacer, pero te ayudará a pensar en lo que quieres, a encontrar las respuestas correctas, a adoptar la actitud adecuada, a conectar con los aliados correctos y a dar algunos pasos acertados en tu propia exploración personal. Y si das un giro que crees erróneo, te volverá a encarrilar. Si te sientes perdido, te dará un lugar al que regresar. No te dirá qué decidir sino que te permitirá estructurar las decisiones que tomes.

Cuadro 3.1 Las seis técnicas

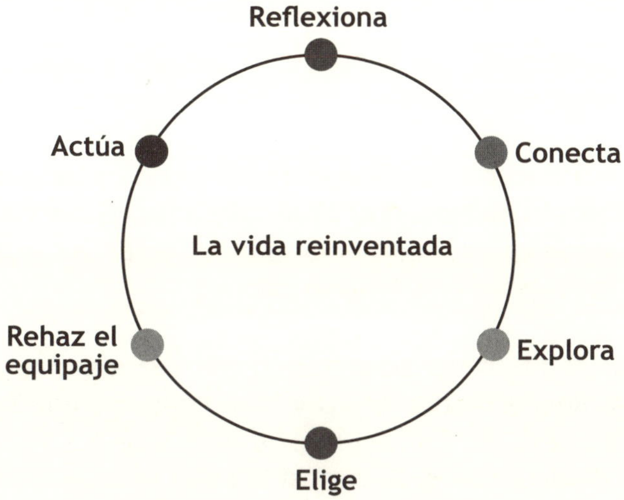

No confundas el mapa con el territorio. Cada uno tenemos nuestro territorio, un espacio concreto que queremos explorar, y el mapa es una herramienta, útil para ayudarte a fijar la dirección, orientarte y avanzar hacia nuevas posibilidades. Las seis directrices del mapa forman un sistema de orientación que nos ayuda a encontrar el camino hacia delante. Recordemos las técnicas:

- Reflexiona: haz una pausa antes de emprender el viaje y en diferentes momentos del camino para darte cuenta de que los cambios y las opciones vienen de dentro.

- Conecta: pide comentarios y consejos a tus amigos de confianza y guías, consciente de que aislarse resulta fatídico y de que nadie debería emprender el viaje a solas.

- Explora. Es el principio de un viaje hacia el descubrimiento, un análisis de las distintas posibilidades internas y externas, teniendo en cuenta que la curiosidad y el valor son fundamentales para encontrar el camino hacia delante.

- Elige: estrecha las opciones para poder empezar a fijar tus prioridades. Descartar posibilidades, quedándote con las que mejor se adaptan a lo que quieres ahora, te permite sumergirte de lleno en tu camino y contrastar tu decisión con la realidad.

- Vuelve a hacer el equipaje: decide qué es lo imprescindible en el trayecto que tienes delante, qué vas a dejar atrás y qué quieres conservar para aligerar la carga tangible e intangible en tu nuevo camino.

- Actúa: da el primer paso para hacer realidad las posibilidades. Recuerda que la acción no consume energía, sino que la libera mediante el optimismo que acompaña a la toma de decisiones, la curiosidad y el valor.

Empieza desde donde estás, en el punto del mapa en que te encuentras. Tal vez lo primero que necesites sea conectar o, tal vez, prefieras hacer las maletas antes. No es un modelo rígido y universal, sino que debes adaptarlo a tu propia vida, tu aventura, tu ritmo y tu destino. Aprópiate de él y disfruta probando cosas nuevas y explorando posibilidades. Al fin y al cabo, tú eres un experimento único.

2. Diario de posibilidades

Cuando empieces a reinventar tu vida, seguir el mapa y definir el proceso son los elementos principales. Para ello, mantener un diario te ayudará a conectar los puntos de tu viaje. Es una forma de seguir la pista a tus pensamientos, ver y entender tus progresos, porque te ayuda a seguir centrado y a descubrir los miedos que se repiten y los que se evaporan.

Puedes escribir en un diario físico o crear un archivo en el ordenador o tableta donde registres tus pensamientos, impresiones y experiencias. A medida que recorras el viaje de la vida reinventada, el diario te dará un lugar donde estar al tanto de tus vivencias.

Puede ser un simple archivo de ideas, una lista de las películas que te gustaría ver o los libros que quieres leer mientras reinventas tu vida. O las personas que te gustaría conocer por el camino. No debería provocar la angustia de la página en blanco ni hacerte sentir que es una tarea odiosa pendiente de calificación. Lo uses como lo uses, el diario será una herramienta importante en la exploración de tu vida reinventada.

3. Un diario hablado

Si escribir un diario no es lo tuyo, puedes adoptar el hábito de mantener un diario hablado. Todos los días entabla una conversación informal con un amigo íntimo, compañero de trabajo, cónyuge o pareja. ¿Qué problemas te frenan? ¿Qué oportunidades te empujan?

Una conversación normal y corriente puede ayudarte a aclarar las ideas y muy probablemente pondrá ante ti un camino por el que llegar a vías más amplias de reinventar la vida.

Intenta el siguiente ejercicio: escoge a un compañero para tu diario en voz alta y háblale sin parar durante siete minutos. Tu interlocutor no está autorizado a interrumpir, preguntar ni comentar; su función es escuchar en el más absoluto silencio. Puedes empezar charlando de cualquier cosa y tal vez pase algún tiempo hasta que llegues al punto verdadero pero, antes de darte cuenta, estarás hablando de algo que es importante para ti, un tema que está intentando salir a la superficie. Pasados los siete minutos, cambiad papeles y que tu pareja hable sin interrupción mientras tú escuchas.

Muchas personas que han realizado este ejercicio han descubierto que decían algo que nunca habían dicho antes, no porque no quisieran hablar de ello, sino porque pensaban que nadie les escuchaba. Otras veces, uno no sabe en qué está pensando hasta que se oye decirlo. Este ejercicio te permite practicar las conversaciones valientes, interpretando los papeles del que dice verdades y del que escucha con atención.

4. Cómo empezar

Para muchos, la primera línea del diario es un escollo insalvable. Escribir las primeras palabras en una hoja en blanco suena a examen, como si un mal comienzo pudiese arruinar todo lo que viene después.

La manera más fácil de empezar tu diario de posibilidades es contar dónde estás. En la primera página escribe tu nombre, la fecha y tu ubicación, que puede ser desde dónde estás en este momento hasta dónde vives. Lo importante es que te localices. Escribe algo sobre lo que estás haciendo: ¿a qué dedicas el tiempo? ¿Cuál es tu profesión o vocación? Descríbete como eres ahora.

A continuación, mira el mapa de la vida reinventada: ¿en qué punto te encuentras? ¿En la fase de reflexionar, conectar y explorar o en la de elegir, rehacer el equipaje o actuar? Escribe en tu diario dónde estás en el mapa ahora y marca tu punto de salida.

Ya está. Ya has empezado el diario, y el viaje, con solo ubicarte en el presente. Ahora, de los seis capítulos siguientes, lee el que corresponda con el punto en el que te encuentres del mapa de la vida reinventada. Ya estás de camino.

5. Pioneros de la vida reinventada: Emilio Estefan

La vida de Emilio Estefan es casi una copia perfecta del mapa de la vida reinventada, como si hubiera emprendido el viaje y pudiera decirnos cómo es.

Empezó su vida en Cuba, sumido en la pobreza, después pasó por España y finalmente llegó a Estados Unidos, donde descubrió la formidable carrera que le estaba esperando. Durante su trayectoria, Emilio ha sido uno de los músicos y productores de mayor éxito y fecundidad del mundo del entretenimiento. Ganador de 19 premios Grammy, ha desarrollado y dirigido las carreras de muchas de las superestrellas hispanas más conocidas del sector musical, como su mujer, la cantante Gloria Estefan, además de Jon Secada, Ricky Martin, Jennifer López, Marc Anthony o Shakira.

En 2008 Emilio produjo y dirigió un largometraje documental titulado *90 millas*, donde narraba la historia de los pioneros de la música cubana. En 2010 publicó un superventas titulado *Ritmo al éxito*. Entre las numerosas actividades filantrópicas de Emilio y Gloria se encuentran la Fundación Gloria Estefan y el Miami Project to Cure Paralysis, provocado por un accidente de autobús en 1990 que dejó a Gloria temporalmente paralítica. Los derechos de autor de tres canciones de Gloria se destinan a ese proyecto con carácter perpetuo.

¿Siempre has sabido lo que querías hacer y cómo iba a ser tu vida?

Siempre he sabido, desde que era un niño, que quería ser músico y escritor. Cuando llegué a Miami le pedí a mi tío que me enseñara un acordeón. Fuimos a una tienda y vi uno que costaba 177 dólares. El encargado me dijo que podía pagarlo a plazos de 17 dólares mensuales y yo le contesté que sí, que no había ningún problema.

Mi tío se extrañó: ¿cómo iba a pagarlo? Cuando llegamos a casa con el acordeón, mi tía me preguntó lo mismo. Yo les contesté que no se preocuparan, que ya se me ocurriría algo para ganar dinero. Entonces me presenté en un restaurante. Trabajaba en Bacardi desde las seis de la mañana, iba a clase por la tarde y de noche tocaba el acordeón a cambio de la propina. Así fue como empezó todo.

Lo fundamental es encontrar lo que a uno le apasiona y yo he sabido toda mi vida, desde que era un niño, lo que quería hacer. Sabía que la música era lo más importante en mi vida.

Uno de los elementos fundamentales de la vida reinventada es la idea de descubrir posibilidades nuevas a cualquier edad. Parece ser tu caso.

Mi vida ha sido así desde el principio. Primero siendo músico y escritor; después productor, director y empresario. También he abierto restaurantes. Tenemos casi cuatro mil empleados y el 95 % lleva unos treinta años con nosotros: eso es lo más importante.

Lo principal es que, aunque mi vida fue muy negativa cuando era niño, lo convertí todo en positivo. Cuando estás a punto de cumplir 60 tienes que hacer lo que te gusta. Algunos quieren relajarse, otros seguir en activo. Yo prefiero seguir trabajando hasta que me muera.

Fui un niño que llegó a Estados Unidos cargado de ilusiones. Tengo la suerte de vivir en el mejor país del mundo, donde todos los sueños pueden hacerse realidad. Ha sido duro porque soy latino y, cuando llegué, fue difícil vender algo a lo que la gente no estaba acostumbrada, pero fuimos muy persistentes con el sonido.

Por otro lado, cada década te tienes que reinventar y hacer algo nuevo. Cuando llegas a mi edad lo que te sobra es experiencia y equilibrio.

Ser creativo y estar motivado para levantarte por la mañana y hacer lo que te gusta es lo que marca la diferencia. El mundo sería muy distinto si todos lo hiciéramos.

A muchos les cuesta tomar decisiones: qué descartar y qué perseguir. Tú has tenido que tomar grandes decisiones desde niño.

Me costó salir de Cuba a los once años. Me hice hombre queriendo que mi familia viviera en un país libre. Recuerdo mi llegada a España. Solo tenía catorce años, eran las diez de la noche y no llevaba puesto ni un jersey, ni una chaqueta ni nada porque veníamos de Cuba. Caminé por un pasillo largo y al final nos esperaban dos curas para llevarnos al refugio.

Nada más salir del avión lloré porque me había ido. Tomé una decisión importante con solo catorce años. Mi padre me dijo que no me preocupara y que habíamos tomado la decisión correcta. Íbamos a vivir en un país libre. 45 años después, volví en un avión privado y con mucho éxito. Empecé a recorrer aquel pasillo y le dije a Gloria que quería detenerme unos minutos. Después vi a mis hijos sonriendo felices y me di cuenta de que había tomado la decisión correcta.

A veces es duro decidirse pero hace falta hacerlo para seguir en la dirección correcta. Creo que muchas de las cosas que he hecho en la vida han tenido un porqué acertado. Me encanta trabajar y vivir en un país libre donde no solo puedo ganarme la vida sino también ser agradecido. Y creo que lo he conseguido.

Una de las experiencias más traumáticas que Gloria y tú habéis vivido fue el accidente de autobús de 1990. Fue un gran detonante que lo cambió todo en tu vida. ¿Qué aprendiste de aquel momento tan difícil?

El accidente nos cambió mucho la vida. Te das cuenta de que la fama y el dinero se pueden perder de un día a otro y de que lo único que dejamos a los demás es lo que hacemos para ayudar a la comunidad.

Lo primero que uno piensa cuando vive un accidente como el que nos ocurrió a nosotros es: «¿Por qué yo? La vida no es justa». Sin embargo, desde el primer momento aprendimos muchas cosas: a ser más generosos y a decir a las personas que las quieres cuando hace falta porque no sabes lo que te puede ocurrir.

Cuando me dijeron que Gloria seguramente no volvería a andar, me desmayé. No soy capaz de explicar la presión que sentía en aquel momento. Después, Gloria me dijo que nuestro hijo estaba vivo y eso lo cambió todo. Aunque yo me quede paralítico o me suceda cualquier otra cosa, mi hijo sigue vivo. Eso para mí es fundamental: muchas personas pierden a sus familiares, a sus hijos o a su mujer, pero yo no sé si sería capaz de vivir sin ellos.

Respecto a la lesión de Gloria, aunque fue muy duro y tuvo que aprender a andar de nuevo, resultó una experiencia intensa y aleccionadora. Aprendimos a apreciar la vida. Siempre digo que vivo como si hoy fuera el último día de mi vida. Cuando hago un álbum, lo hago como si fuera el último. O el primero, con la misma sensación de querer entregarme al 100 %.

Aprendimos muchas cosas y tuvimos que empezar de cero. Cuando sucedió el accidente, volvimos a empezar nuestra vida y empezamos a disfrutar mucho más de los conciertos. Cada concierto que dimos por todo el mundo después del accidente fue una bendición.

Nos dimos cuenta de que a veces hay que pasar por momentos duros para apreciar la vida y tuvimos la suerte de aprender de la experiencia. Todo en la vida tiene un lado positivo y negativo, y nosotros crecimos mucho.

La vida reinventada dice que no se debe emprender el viaje solo, que todos necesitamos relacionarnos con

los demás para exprimir las posibilidades que nos da la vida. ¿Estás de acuerdo?

No habría podido hacer nada sin mi matrimonio con Gloria y junto a todas las personas que han trabajado con nosotros y han sido tan importantes en nuestras carreras: mis amigos, las personas que han estado conmigo desde que empecé y a quienes considero como de la casa. Una de ellas es Quincy Jones, que es como un miembro más de la familia: nos ayudó cuando empezábamos y nos dio un punto de apoyo al decirnos que lo que hacíamos era correcto. Hay que rodearse de gente increíble a la que transmitir los pensamientos y la felicidad por lo que uno hace. No creo que nadie llegue a hacer cosas en la vida en solitario.

Reflexiona ¿Qué es la realidad para ti? 04

Cuando hablamos con personas que se encuentran en la última etapa de su vida y les preguntamos cómo han vivido, casi todas coinciden en reconocer que, si pudiesen empezar de nuevo, reflexionarían más. Si insistimos nos dirán que la felicidad es una opción, no el resultado de cómo te trata la vida. Lo que en realidad quieren decir es que reflexionar tiene que ver con tomar decisiones.

¿Qué es reflexionar? En primer lugar, desechemos las ideas erróneas y pensemos en lo que no es o en lo que no nos exige que hagamos. Para reflexionar no hace falta encerrarse en un monasterio, tampoco hay que encender velas ni aprender a sentarse en la postura del loto. La música relajante no es necesaria ni hace falta cantar ni memorizar un mantra. Todas estas prácticas pueden ser de utilidad para algunas personas pero no son necesarias. No es una experiencia esotérica pensada para adquirir conciencia de uno mismo, al menos no de una forma incómoda, aunque es cierto que conviene tener más autoconsciencia, en el sentido correcto.

Reflexionar es pararse a observar la vida desde dentro. Nos remite a la espiral de la vida reinventada porque cuando se produce un detonante tendemos a hacer dos cosas: levantarnos y profundizar. Lo primero se refiere a que alzamos la vista para ver bien lo que está pasando ahí fuera y cuál ha sido la causa del detonante. ¿Por qué me han despedido? ¿Qué hay detrás de esta crisis en mi relación? ¿Qué he hecho para que surja este problema de salud? Levantarnos nos permite obtener más información del entorno y comprender la situación, ya sea positiva o negativa. Por otro lado, profundizar es mirar adentro. Interiorizamos los interrogantes: ¿qué opciones tengo? ¿Cuáles son mis posibilidades reales? Cuando miramos hacia dentro, empezamos a descubrir qué es lo esencial y cuáles son nuestras prioridades. Esa mirada nos ofrece la oportunidad de averiguar lo que no cambia de nosotros mismos pase lo que pase ahí fuera. Nos permite identificar los aspectos innegociables.

Profundizar nos permite apropiarnos del manifiesto de la vida reinventada: ¿qué opciones tengo? ¿Qué atrae mi curiosidad? ¿En qué estoy dispuesto a actuar con valentía?

1. Es tu momento

La reflexión es un descanso, unas minivacaciones de la rutina que nos absorbe casi todo o demasiado tiempo. Es una oportunidad para conectar con nosotros mismos, mirar adentro y escucharnos.

Para muchas personas que se han pasado la vida atendiendo las necesidades de los demás, criando a los hijos, cuidando a los padres, pagando las facturas o responsabilizándose de los problemas externos, la reflexión es una pausa muy bienvenida, la oportunidad de tomarse un tiempo para ellos mismos.

Ha llegado el momento de que te analices a ti mismo. Cada persona tiene una historia propia de su vida. En parte, reflexionar es hablarte de ti mismo o repasar la descripción que llevas en la cabeza sobre tu vida hasta ahora. No se trata de ampliar la historia hacia el futuro sin hacerse preguntas, sino de examinarla y utilizarla para reinventar tus posibilidades desde ahora, y usar los hilos que forman las líneas intermedias de tu pasado para tejer una nueva historia en el futuro.

2. Conócete

Puedes empezar a reflexionar escogiendo experiencias pasadas y averiguando lo que funcionó y lo que no. Después descubrirás lo que tal vez quieras llevar contigo en tu nueva historia, en esta nueva fase de la vida.

No es que la vieja historia sea mala, sino que ya no funciona o, por lo menos, no tan bien como antes. La reflexión te permite fijarte en el momento intermedio entre la vieja historia conocida y la nueva que se desdobla. Es un punto de inflexión, un instante de vida reinventada.

Reflexionar es una oportunidad para preguntarnos cómo empleamos el tiempo. ¿Reservamos tiempo para las cosas que nos importan? ¿Eres más leal al pasado? ¿O estás desarrollando una nueva fidelidad, más fuerte, hacia lo que quieres que ocurra en el futuro?

La reflexión también sirve a un propósito de máxima utilidad para quienes sienten el impulso de embestir, de ir hacia delante con el único objetivo de zanjar las cosas. A veces, ese instinto de actuar por actuar es una pista de que vale la pena bajar el ritmo, apretar el botón de pausa y hacer inventario antes de seguir adelante. De lo contrario, la vieja historia podría llevarnos en una dirección que no queremos o de la que nos arrepintamos después. A veces actuamos por costumbre y familiaridad en vez de reflexionar sobre las posibilidades nuevas.

3. Ojalá

¿Cuántas veces has pensado o dicho «Ojalá...»? Ojalá hubiera sabido entonces lo que sé ahora. Ojalá hubiese seguido otro camino. Ojalá me hubiera casado con otra persona. Ojalá hubiese comprado esas acciones cuando tuve la oportunidad o aceptado el trabajo que me ofrecían, o cambiado de ciudad, o hecho caso a aquella corazonada.

Siempre es más fácil mirar atrás que adelante y por eso es más tentador apoyarse en la muleta del pasado que fijarse en el futuro reflexionando. ¿No sería ideal que pudiéramos ver la próxima fase de nuestra vida y tomar las decisiones que mejor funcionen? ¿O conocer el camino más sensato de antemano para poder seguirlo? Cuando miramos hacia delante no tenemos garantizada la respuesta correcta, si es que existe, pero esa mirada nos ofrece una manera de reflexionar sobre las nuevas posibilidades que llevamos dentro.

El problema de vivir en el pasado es que conduce a una identidad basada en lo que solíamos ser y nos hace quedarnos atascados. Todos hemos tenido la incómoda experiencia de vernos atrapados en una cena o un avión con alguien que vive anclado en el pasado, que solía ser alguien pero ya no. Esas personas no viven en el presente ni en el futuro; ni viven su vida como es ahora ni están creando lo que pueden llegar a ser.

Limitarse a replicar el pasado es la receta infalible para una muerte interna. Los patrones repetitivos matan la curiosidad, anestesian las emociones y entumecen los sentidos. Reflexionar es remodelar la curiosidad, explorar el futuro con las herramientas de la curiosidad y el valor. La reflexión es la unión del pasado y el futuro, una combinación de tu historia anterior con las posibilidades de lo que está por llegar.

4. Aprovechar el tiempo, no ocuparlo

La reflexión parte de una relación nueva con el tiempo. Si no reflexionamos sobre nuestras prioridades reales y posibilidades nuevas vamos en piloto automático. Las excusas (mucho esfuerzo, poco dinero, demasiadas responsabilidades para los demás) no logran engañarnos cuando asumimos que somos los dueños de nuestro tiempo.

El tiempo es tu moneda más valiosa. ¿Estás satisfecho con la forma en que lo estás gastando? ¿Y con tu vida? ¿Cuándo fue la última vez que te fuiste a la cama satisfecho, con la sensación de haber vivido un día fructífero? ¿Cuánto hace que te levantaste por la mañana sabiendo exactamente cómo querías pasar el día?

La reflexión te ayuda a decir «No» a las cosas menos determinantes, que al amontonarse no dejan pensar con claridad, y «Sí» a las importantes, las que definen el propósito de la vida. La vida reinventada tiene que ver con aprovechar el tiempo, no con solo ocuparlo.

5. Epifanía pizzera

Si entraras en la pizzería de Paulie Gee en Brooklyn podrías pensar que ese hombre simpático y extrovertido de mediana edad que regenta el local lleva haciéndolo toda la vida. Y te equivocarías.

«Me ocultaba tras la imagen de fanático de la informática —reconoce Paulie cuando recuerda su vida antes de abrir la pizzería—. No lo era, pero tenía un empleo en el que tenía que aparentar serlo». De joven, Paulie hizo lo que mucha gente: seguir los consejos de sus padres y tomar el camino seguro, no el que obedecía a sus propios dones, pasiones y valores. «Mi padre creció durante la Gran Depresión —explica—. Me dijeron que consiguiese un buen trabajo de funcionario y eso es lo que hice».

Después llegaron los acontecimientos que ocurren habitualmente en la vida: una casa, una hipoteca y las responsabilidades de ganar un sueldo y pagar las facturas. «No podía haber cambiado aunque quisiera —asegura—. Tenía una carrera para la que no estaba hecho y trabajaba mecánicamente. Mi teoría era que uno escogía una profesión, trabajaba e iba cotizando para la jubilación, hasta que se jubilaba y por fin hacía lo que te gustaba».

Paulie sabía que se iba a producir un detonante y que su vida estaba a punto de cambiar, pero no estaba seguro de qué iba a suceder exactamente, cómo cambiarían las cosas o qué vendría después. «Sentía que me atropellaba un tren de mercancías. Siempre he sabido que tenía que haber algo que me gustara hacer y seguí buscándolo. Me encanta cocinar, hacer fiestas en casa, la música y tocar para los demás», cuenta. A su manera, Paulie ya estaba reflexionando sobre su propia historia, pensando en los hilos intermedios del pasado que podría tejer en forma de un futuro nuevo. Siguió profundizando mientras se mantenía abierto a las posibilidades que pudieran presentarse desde fuera.

«Entonces descubrí un lugar en Coney Island llamado Totonno's. ¡Fue mi propia epifanía pizzera! —exclama—. Cuando fui, me quede atónito». Aquello resultó el instante de vida reinventada para Paulie.

Asombrado por el peculiar sabor de la pizza cocinada al horno de carbón e impulsado por su propia curiosidad, Paulie se puso a explorar el mundo de las pizzerías y conoció a gurús del sector en Nueva York. Asegura que fue todo un reto, pero que parecía factible. Así que estudió cómo se hacían las pizzas al horno de leña. «Al final —recuerda—, decidí que tal vez podría hacerlo. Para construir un horno solo necesitaba unos ladrillos. De modo que me propuse abrir una pizzería».

Paulie sabía que tenía que aprender más si quería tomar esa decisión: debía practicar, experimentar y mejorar sus técnicas de pizzero. De nuevo, escogió hacerlo a su manera, mediante más exploración. «No fui a una de esas escuelas de pizzeros que cuestan miles de dólares. Lo hice yo solo». Puso a prueba nuevas recetas de masa, probó combinaciones distintas de ingredientes y pensó en lo que hacía a una pizza verdaderamente buena. Recabó información y se hizo una idea precisa de lo que funcionaba.

Ahora tenía que encontrar un local para su pizzería, una comunidad de la que quisiera formar parte. «Estaba enamorado del norte de Brooklyn —explica—. Tenía algo especial. Era un vecindario nuevo y muy animado, y yo quería formar parte de él. Encontré la calle Franklin y me enamoré: me sentí como en casa».

Desde aquella epifanía pizzera, Paulie Gee ha creado una nueva forma de trabajar y vivir. «He encontrado algo que puedo hacer el resto de mi vida y disfrutarlo —afirma—. Esa es la felicidad».

6. Tómate el tiempo necesario para ganar tiempo

Todo empieza con el tiempo. Una de las verdades más antiguas y acertadas de la vida es que hay que tomarse el tiempo necesario para ganar tiempo. Tomarse tiempo para reflexionar nos enseña a vivir mejor. Reflexionar es la práctica continua de apropiarse de la vida. La reflexión genera esperanza. No siempre es una reacción a un sentimiento de desilusión o frustración, sino que puede ser un proceso activo, algo que hacemos a cada paso del camino, una manera de pensar en qué nos ha llevado hasta allí, qué ha funcionado y qué no, e imaginar lo que es posible.

Puede ocurrir de una manera informal: una breve pausa en medio de un día ajetreado, cuando nos tomamos un momento para reflexionar sobre algo que hemos visto, oído o pensado. Pero para muchas personas la reflexión no es algo natural ni fácil, sobre todo en una vida repleta de actividades y demandas externas. A muchos les cuesta tomarse el tiempo para reflexionar o no saben cómo o por dónde empezar.

7. Empieza dando un repaso a tu vida

Para empezar a reflexionar, visita el repaso de la vida de la página web de la vida reinventada (www.lifereimagined.org) y encontrarás una herramienta muy útil para practicar la reflexión. No es uno de esos ejercicios que se hacen una vez y no se vuelven a repasar nunca más. Como un reconocimiento médico anual o la cita periódica con tu asesor financiero, el repaso de la vida puede convertirse en un elemento constante y repetido de la reflexión sobre tu propio viaje. Úsalo para examinarte cada año; por ejemplo, el día de tu cumpleaños.

Después de hacer un repaso a tu vida, abre el diario. ¿Qué opciones ha sugerido el repaso? ¿Te ha despertado la curiosidad por algo nuevo? ¿Hay alguna acción que quieras plantearte?

Con este sencillo análisis vital anual, tal vez descubras los temas que te ayudarán a imaginar una nueva vía hacia delante en esta etapa de tu vida.

Conecta ¿Con quién puedes contar? 05

A lo largo de la vida, la comunidad es importante y, en esta nueva fase, crear una sensación de comunidad es fundamental porque es la expresión de la sociabilidad.

Es tan evidente que solemos pasarlo por alto: los seres humanos somos animales sociales. Está en nuestro ADN, literalmente. Hemos sobrevivido y evolucionado gracias a nuestra capacidad innata y nuestra necesidad de relacionarnos con otros seres humanos. No estamos hechos para una vida solitaria sino que hablar, escuchar, tocar y relacionarnos forma parte de nuestro propio ser.

Las relaciones nos aportan sensación de bienestar en todas las etapas de la vida. Necesitamos depender de los demás en muchos sentidos, desde aprender de otras personas a hacer mejor las cosas, a recibir un apoyo emocional más amplio para afrontar los detonantes que forman parte de nuestra vida. Aun así, la pertenencia a la comunidad y las relaciones se debilitan con el tiempo. Si lo piensas bien, en las primeras fases de la edad adulta solemos establecer relaciones y formar comunidades en dos ámbitos de la vida: la familia y el trabajo. Para muchos padres, los hijos se convierten en la razón de integrarse en una comunidad y entablar relaciones. Las amistades que forjamos, las asociaciones a las que pertenecemos y los actos a los que asistimos tienen que ver con nuestros hijos, sus intereses y su desarrollo. Es una conexión poderosa que une a las personas alrededor de un compromiso común con la familia. Tus amigos son los padres de los amigos de tus hijos.

Por supuesto, no todo el mundo tiene hijos y, en ese caso, la familia en un sentido amplio crea el tejido conectivo. Las reuniones familiares durante las vacaciones o en ocasiones especiales ayudan a desarrollar una sensación de pertenencia y comunidad.

La segunda área de conexiones sólidas es el trabajo. La intensidad de las experiencias en el lugar de trabajo une a las personas. Los compañeros de trabajo tienen que aprender un nuevo idioma, afrontar la competencia externa, superar obstáculos comunes y colaborar para alcanzar un mismo fin.

Todo esto es bastante obvio y normal. Lo que no resulta tan obvio es que por regla general esas relaciones se debilitan cuando pasamos a esta nueva etapa de la vida, sencillamente porque la razón primaria de esas relaciones puede que ya no siga vigente. Los padres de los amigos de tus hijos no suelen ser tus amigos después de cuarenta años. También puede que te hayas apartado socialmente porque la raíz original de la conexión ha perdido importancia, tal vez porque te has mudado de ciudad, o lo han hecho ellos, y has perdido el contacto. El pegamento social, y su razón de ser, se ha desprendido.

Lo mismo ocurre en el trabajo. Tal vez hayas cambiado de empresa, hayas perdido el empleo o te hayas jubilado. Aquellos días sirven de excusa para una comida de vez en cuando o un café con los excompañeros, pero la energía que surgía del esfuerzo común durante tanto tiempo empieza a desvanecerse cuando la experiencia laboral real se convierte en un recuerdo lejano.

En esta nueva fase de la vida es demasiado fácil acabar con un montón de conocidos y pocos amigos de verdad. Suele pasar justo cuando necesitamos relaciones auténticas que nos ayuden a reinventar la vida y a poder ayudar a otros a hacer lo mismo.

Piensa en las relaciones como en un esfuerzo en dos dimensiones: el esfuerzo externo de crear comunidad y el interno de encontrar autenticidad.

1. El aislamiento es funesto

Estados Unidos es un país con un elemento cultural profundo que fomenta el individualismo y la actitud independiente. Vivimos en una época en que la movilidad geográfica y la separación social han facilitado la disminución de las relaciones verdaderas. Se pueden tener cientos de amigos en Facebook y no saber cómo se llama el vecino de al lado. En consecuencia, las personas tratan de resolver los dilemas por su cuenta, ya sea porque les parece una hazaña heroica o porque piensan que no tienen a nadie cercano con quien hablar. Lo cierto es que la carga de la soledad es muy pesada, limitante y potencialmente peligrosa.

Cuando los sociólogos estudian los efectos de estar o sentirse aislado, sus conclusiones confirman lo que todos sabemos por experiencia propia: el aislamiento es nefasto. El aislamiento social puede restarte hasta siete años de vida, provocar enfermedades cardiacas y depresión, afectar al sistema inmunitario y acelerar el envejecimiento y los problemas graves de salud.

El antídoto es la comunidad o la conexión con los demás. El hambre de conexión se da tanto en hombres como en mujeres, aunque estas últimas parecen conectar mejor. Tal vez por eso viven de media siete años más que los hombres.

2. Nuevas clases de comunidad

En esta nueva fase de la vida, conocer y mantener amistades verdaderas y encontrar una «familia» con la que relacionarse son elementos fundamentales en el viaje hacia la vida reinventada. En parte, se trata de reinventar también las relaciones que importan. En esta nueva fase de la vida hay más oportunidades de establecer distintas clases de familia y amistades que en el pasado, porque la familia ya no se limita a la natural, sino que se pueden crear relaciones íntimas como las de esta aunque no se ajusten a la definición clásica. También es probable que dejes de pensar tanto en tener un compañero con el que compartir la vida y pienses más en hacer buenos amigos con los que no necesariamente hay que convivir.

Puedes ver ejemplos de esto en las residencias universitarias, donde se están construyendo viviendas no para los nuevos alumnos, sino para adultos de edad avanzada: jubilados o, simplemente, personas que buscan un nuevo estilo de vida, en el que poder continuar su formación y establecer relaciones intergeneracionales. Otro experimento es el movimiento de la vivienda compartida, una nueva forma de vida en comunidad para personas en esta nueva fase de la existencia.

El objetivo es crear una nueva clase de comunidad en la que las personas vivan de forma independiente pero cuenten con un sistema común de apoyo. Se obtiene una sensación de familia sin relaciones sanguíneas ni un techo compartido. Solo hay que descubrir los lugares y a las personas que nos ayuden a establecer esas conexiones.

En resumen, no hay reglas ni demasiados modelos de conducta en estas categorías nuevas y emergentes de conexión con los demás. Somos libres para innovar, crear y explorar.

3. El hambre de autenticidad

El motivo de que la conexión con los demás venga después de la reflexión en el mapa es que, después de mirar adentro, a menudo necesitamos a otras personas con las que poder hablar sobre lo que pensamos, sentimos y descubrimos.

Por muy sincera que sea la conversación que entables contigo mismo, corres el riesgo de andar el mismo camino una y otra vez, sin nada nuevo. Reciclas las mismas ideas y repasas los obstáculos que llevas a rastras desde el pasado. Cuesta ver con otros ojos si tú eres el único que te estás mirando.

En realidad, cuando empiezas a reinventar la vida es posible que los demás te vean con más claridad que tú e incluso puede que sean más valientes. Otra persona podría oír tus reflexiones y ofrecerte apoyo para ensamblar las piezas del puzle de tu vida o poner orden cuando haga falta. Es una calle de dos sentidos: tú también puedes ser un oyente abnegado para un amigo íntimo que quiera conocer tu perspectiva sobre sus ideas. Son relaciones que crean comunidad, acaban con el aislamiento y dan valor para reinventar la vida con sinceridad.

4. Una buena pregunta vale más que una buena respuesta

A menudo el viaje de la vida reinventada se presenta en forma de preguntas. En este punto de mi vida, ¿qué cosas me dan energía y cuáles me la absorben? ¿Qué me empuja con fuerza y constancia y qué me tira hacia algo que no me dejará en paz hasta que lo solucione? ¿Qué puertas parecen cerrarse y cuáles se abren? ¿Qué imágenes aparecen en mis sueños que pudieran sugerir una dirección que no estoy preparado para admitir conscientemente? ¿Qué dirección parece acertada, aunque no posea datos para contrastarla? Si presto atención a las señales o sugerencias recurrentes, ¿qué dirección parecen estar indicando?

La vida reinventada exige plantearse todas estas preguntas. El riesgo es que cuestionarse algo que los demás tal vez nieguen, den por supuesto, pasen por alto o que les haga sentir incómodos puede conducir al aislamiento. «¡Sé realista! ¿Qué te ocurre? ¿Estás pasando por la crisis de la mediana edad?». La actitud de esas personas podría restar importancia o disminuir el valor de esta fase de autorreflexión.

Cuando eso ocurre, las relaciones cobran aún más importancia. Contar con uno o más oyentes abnegados ayuda a superar la negativa o el desinterés que podría desanimarte a emprender el viaje de la vida reinventada hacia la esperanza.

Hay otra dimensión importante en esta etapa del camino. El buen oyente no te ofrece una respuesta a las preguntas que te estás planteando sino que te ayuda a profundizarlas y ampliarlas. El oyente abnegado sostiene un espejo para que te puedas ver mejor. Una buena pregunta es mejor que una buena respuesta, sobre todo si tiende un puente entre lo que tienes en la vida y lo que quieres tener.

5. Aceptación y conexión con los demás

Antes de conectar con su propósito en la vida, Annie Walker tuvo que conectar consigo misma. La aceptación y la conexión con los demás han sido vitales en su trayectoria.

«Siempre he tenido un nubarrón encima —asegura—. Solo cuando empecé a escribir poesía pude aceptar plenamente quién era. Resulta que soy lesbiana». Se casó con 16 años y un año después tuvo a su hijo Jason. Ella era tan joven que a veces les tomaban por hermanos. «Para mi hijo, yo era como un amigote —recuerda, aunque al principio le costó aceptarla tal y como era—. Más adelante, cuando maduró, me escribió una tarjeta que decía: 'Mamá, si tú estás orgullosa de ser quien eres, yo también lo estoy'».

Jason era diabético y, aunque le diagnosticaron la enfermedad muy pronto, tuvo problemas para aceptarla. Desarrolló hipertensión y unos problemas del riñón que le costaron la vida. Tras la muerte de su hijo, Annie se volcó de nuevo en la intersección entre la aceptación y la conexión con los demás. «No superé la muerte de Jason hasta hace poco —confiesa—. Me di cuenta gracias al grupo de amor verdadero al que pertenezco, cuando acepté el hecho de que estaba enfadada con él por haberse muerto tan joven y me sentía engañada».

Jason murió en febrero de 2005. Seis meses después, Annie se quedó sin trabajo. «Aquella noche —recuerda—, no pude dormir». Se quedó tumbada en la cama, oyendo el tictac del reloj, buscando una respuesta de Dios y el universo, convencida de que había un camino para ella.

Fue el instante de vida reinventada de Annie. «De repente, todo tenía sentido —explica—. Empezaría desde el principio. No acabé el instituto, así que lo primero que haría sería sacarme el título de Secundaria. Fui a la agencia de colocación laboral del ayuntamiento de Phoenix; tenían un programa que me ayudaría a pagar la universidad». Mientras estudiaba, trabajó para varias empresas de atención sanitaria a domicilio, algunas semanas durante sesenta o setenta horas. Compaginar trabajo y estudios fue difícil pero valió la pena. «Todo tenía sentido», asegura Annie. Su propia experiencia le ayudó a apreciar de corazón a sus pacientes y a conectar con ellos; sabía por lo que estaban pasando y lo que necesitaban. «Conecto con mis pacientes y soy capaz de hacerlo a un nivel que no les supone ninguna amenaza. Sienten que pueden confiar en mí y así es», afirma.

Con 55 años recién cumplidos, su viaje hacia la vida reinventada la ha llevado de la reflexión a la conexión con los demás y mucho más allá. «Mi trabajo y lo que hago me llenan el alma —confiesa—. Es para lo que he nacido. Sé que puedo ir a trabajar y marcar una diferencia. Puedo cambiar vidas».

Ahora que ha practicado la aceptación y la conexión con los demás, Annie percibe posibilidades de cara al futuro. «¿Quién sabe adónde me llevará el camino? —se pregunta—. No veo ningún final a la vista; el futuro está abierto».

6. No vayas solo

Aunque el viaje es cosa de cada uno, la clave es no hacerlo solo. Como Annie Walker, casi todos los éxitos se remontan al apoyo fundamental de otras personas. Unas veces, el apoyo es indirecto o incluso distante, un modelo que ni siquiera es consciente de ofrecer inspiración, mientras que otras viene de un mentor que ha decidido echarnos una mano y abrirnos nuevas oportunidades.

Piensa en la historia de tu vida y responde a estas preguntas en tu diario de posibilidades: ¿qué relaciones importantes te han sostenido a lo largo del camino, sobre todo en los momentos de transición? ¿En qué personas puedes contar hoy en día cuando necesitas un consejo sabio o inspiración externa? ¿Quién te aporta comentarios que puedes aprovechar? ¿Quién te ayuda a resistir a la tentación de huir de la incomodidad que acompaña a las preguntas difíciles y la reflexión personal profunda?

7. ¿Con quién puedes contar?

Aquí es fundamental la caja de resonancia. Una caja de resonancia es un pequeño grupo de personas cuyo único objetivo es ayudarte a conseguir lo que quieres. Te ayudan a reinventar lo que está por venir; es un recurso sólido que puedes emplear en épocas de transición. La caja de resonancia es un catalizador del cambio.

Puedes formar tu propia caja de resonancia con cinco personas conocidas o buscar un oyente abnegado que te ofrezca el apoyo que necesitas. Puedes desarrollar un grupo de apoyo que te ayude durante un largo periodo de tiempo o para abordar algún problema inmediato.

Las mejores cajas de resonancia están compuestas por un grupo heterogéneo de personas, cada una con un papel distinto: un oyente abnegado que te sostenga el espejo, un catalizador que te ayude a abandonar tu zona de confort, un conector que te enlace a otros recursos, personas y oportunidades de aprendizaje, un maestro de obra o entrenador que te exija la responsabilidad de cumplir tus proyectos y un mentor que te ayude a fijar la mirada en el horizonte y en la idea global.

Los miembros de tu caja de resonancia pueden haber seguido cualquier trayectoria, pero resulta útil que conozcan o sean expertos en la categoría de la vida que quieres abordar: el trabajo, las relaciones, el dinero, la salud o todo junto. Cada uno de ellos tendrá que haber superado la prueba de fuego de la vida reinventada: ¿te comprenden? Deben sentir afecto hacia ti y no querer curarte. Tienen que estar interesados por ti y no querer resultarte interesantes. Deben ser capaces de plantear las grandes preguntas sin suponer que conocen las respuestas.

En tu diario de posibilidades, escribe el nombre de varias personas que cumplan estos criterios: ¿le importo? ¿Le interesa menos juzgarme que apoyarme? ¿Me siento a gusto sincerándome con él? ¿Estoy dispuesto a mantener una conversación valiente con él? ¿Es un oyente abnegado? ¿Plantea grandes preguntas? ¿Me comprende? ¿Está dispuesto a vivir las preguntas conmigo? ¿Es compasivo?

Debes tener clara tu caja de resonancia para convocar reuniones y mantener conversaciones imaginarias. Puedes incluso contar con una persona fallecida en tu caja de resonancia: tal vez tu difunta madre o padre, cuya sabiduría respetas, y entablar una conversación imaginaria en la que te preguntes qué dirían ellos de esta decisión.

Casi tan importante como descubrir a quién necesitas en tu caja de resonancia es tener muy claro a quién no necesitas. No te hace falta gente pesimista o negativa, o que nunca tengan tiempo para escuchar. Necesitas personas dispuestas a actuar. Para reinventar tienes que dominar las fuerzas de la indecisión.

En último término, la caja de resonancia te pedirá cuentas de tus acciones para que puedas sobreponerte a las excusas y los miedos. Empieza hoy escogiendo a una única persona que te pueda marcar la diferencia. Pregúntale si le importa que quedéis cada varias semanas o meses para hablar de tus progresos y responsabilizarte de ellos. Encontrar a las personas correctas es más importante que preocuparse por dónde viven. Gracias a la tecnología podemos estar en contacto con personas de otras ciudades o países.

Cuando invites a una persona a formar parte de tu caja de resonancia deberás aclarar cuáles son tus expectativas: cómo se beneficiarán ellos y cómo lo harás tú. No pases por alto el valor de su tiempo, porque su tiempo y sus aportaciones son elementos de gran valor. Y recuerda que la conexión con los demás es una calle de dos sentidos: tal vez pidas a alguien que forme parte de tu caja de resonancia o alguien te pida a ti que lo seas de la suya.

8. Pioneros de la vida reinventada: James Brown

James Brown («J. B.» para sus seguidores y amigos) es un verdadero jugador de equipo no solo en el deporte, sino también en el trabajo y en la vida. Su carrera pública y privada personifica la importancia de conectar con los demás: es uno de los comentaristas y periodistas deportivos más respetados de Estados Unidos y como presentador de *The NFL Today* en la CBS e *Inside the NFL* en Showtime, J. B. aporta sabiduría, perspectiva, humor y humanidad al mundo del deporte.

Tras una brillante carrera en el baloncesto universitario en Harvard y un periodo efímero con los Atlanta Hawks en la NBA, J. B. empezó a trabajar en el mundo de los negocios, en empresas como Xerox o Eastman Kodak. Hizo sus pinitos en el periodismo deportivo en 1984, con retransmisiones televisivas de los Washington Bullets. Su compasión e integridad saltaron a la luz en 2009 cuando entrevistó al defensa de la NFL Michael Vick en el programa *60 Minutes*, su primera aparición en público desde su condena y encarcelamiento por participar en peleas de perros. Además de su trabajo deportivo, J. B. es pastor protestante y asesor comunitario, y se reúne y ora con personas de todas las procedencias.

En parte, la vida reinventada tiene que ver con la manera en que cada uno busca su propósito en la vida, combinando sus dones, pasiones y valores. ¿Qué piensas de tu propio propósito?

Creo que mi propósito sigue evolucionando. En un sentido muy amplio, tiene que ver con ayudar, fortalecer y contribuir a una sensación de comunidad. En efecto, gran parte de mi carrera profesional ha tenido que ver con objetivos de equipo, tal vez porque empezó siendo así en mi familia, al ser el mayor de cinco hermanos. Siempre he vivido en equipo y eso tiene que ver con ayudar a los demás para que, colectivamente, el equipo tenga éxito. Para hacer un sueño realidad hay que trabajar en equipo.

Otra parte importante de la vida reinventada es el concepto de que todos nos enfrentamos a detonantes en la vida: sucesos o experiencias que nos derriban de la plataforma y nos obligan a adaptarnos a una situación nueva. ¿Qué detonantes se han producido en tu vida?

En mi vida en general ha habido al menos tres grandes detonantes que recuerde. Uno ocurrió durante el colegio. Yo quería ser médico y un día pedí prestado un libro en la biblioteca. Se titulaba algo así como *¿So You Want to be a Doctor?* y me entusiasmaba mucho. Nunca olvidaré al profesor de quinto o sexto que me dijo: «A los niños pequeños como tú no se les dan bien las matemáticas y la ciencia. Tal vez debas pensar en ser otra cosa». Aquello me marcó la vida porque me di cuenta de que lo que le decimos a un niño (o a cualquier persona) puede tener repercusiones durante toda su vida. Siempre hay que ser esperanzador.

Es un ejemplo fantástico no solo de cómo nos afectan los detonantes sino también de cómo aprendemos de ellos y actuamos después. ¿Cuál fue el segundo detonante?

El segundo detonante sucedió cuando estaba en el instituto. El entrenador vio que tenía mucho talento en bruto pero que no era bueno; estaba sin pulir. Aun así, aquel entrenador de instituto se dio cuenta de las ganas que tenía de aprender y de que escuchaba absorto lo que decía, a pesar de que había otras personas más pulidas que yo. Le gustaba el hecho de que saborease cada una de sus palabras y las pusiera en práctica.

Fue otro detonante. Sin embargo, cuando llegué a la universidad me relajé y me quedé dormido en los laureles. No me esforcé para mantenerme en lo más alto tanto como lo había hecho para llegar hasta ahí. Después vino el último año de carrera y las contrataciones de la NBA... Quería ser jugador profesional de baloncesto porque sabía que era mi destino. Me llamaron de los Atlanta Hawks; sabía que podía formar parte del equipo y que jugaba bien, pero el último día del campamento el entrenador vino a hablar conmigo. Pensaba que iba a felicitarme y, sin embargo, me dijo que prescindía de mí.

Me quedé ahí sentado, llorando como un niño porque sabía que tenía el talento suficiente para conseguirlo. Aun así, no apunté con el dedo de la culpa hacia fuera; nuestro obispo nos decía que cuando apuntamos con el dedo de la culpa a otra persona, hay tres dedos apuntando hacia nosotros. Me di cuenta de que hacía mucho tiempo que había dejado de esforzarme por mantenerme en lo más alto.

Tomé la decisión firme de que nunca jamás dejaría pasar una oportunidad por no estar preparado.

Fue una lección positiva a raíz de un detonante muy difícil y negativo. ¿Cuál fue el tercero?

El tercer detonante y más importante de mi vida sucedió cuando era más mayor: fue el fundamento de la fe. En mi vida había muchos vacíos. Era un hombre joven que vestía bien, era soltero, conducía un deportivo y me lo pasaba en grande. Pero, ¿sabes qué? En mi corazón había un vacío. Recuerdo una vez que estaba conduciendo de noche por una carretera muy larga, de vuelta de la discoteca, y dije: «Dios, ya sé lo que falta en mi vida. Eres tú. Si entras en mi vida, prometo seguir tu camino».

Cuando pedí a Jesucristo que entrara en mi vida, de repente todo parecía tener sentido. Dejé que me guiara y me sometiera a él. Aquel fue el tercer detonante y el más importante de mi vida, porque el fundamento de la fe ha sido un elemento que me ha ayudado a lo largo del camino que estoy siguiendo ahora.

Volvamos por un momento a tu familia, a tu carrera deportiva y a tu propósito. ¿Qué lección crees que se puede extraer?

Cuando uno se siente iluminado, más consciente y en armonía con lo que significa el éxito, nunca emprende la búsqueda en solitario. Incluso en deportes individuales, como el tenis, el jugador nunca está solo. Con él están el entrenador, el preparador físico, el nutricionista, la persona que le motiva... Siempre es una búsqueda en equipo, que nadie se equivoque.

¿Cuál es el elemento principal de la vida reinventada para ti?

La vida reinventada es reconocer que tenemos pasiones y dones que no caducan. Debemos asegurarnos de sacarles el máximo partido, comprometernos y ser agradecidos para aportar algo a nuestra comunidad.

Explora ¿Cuáles son tus posibilidades? 06

Es, según muchas personas, la mayor campaña de publicidad de la historia comercial y desde luego la más icónica. Si no la recuerdas o no la has visto, te diremos que empieza lentamente con unas notas suaves de un piano y un vídeo en blanco y negro de Albert Einstein. Después oímos una voz sincera, directa y auténtica que dice: «Esto es para los locos, los inadaptados, los rebeldes, los agitadores». Las imágenes se suceden en la pantalla con fuerza y elegancia: Bob Dylan, Martin Luther King, Richard Branson, John Lennon y Yoko Ono, Buckminster Fuller, Thomas Edison, Richard Feynman.

«Los que van a contracorriente —continúa la voz serena—, los que ven las cosas de otro modo. No les gustan las reglas ni sienten ningún respeto por lo establecido. Podemos citarles, desaprobarles, glorificarles o maldecirles —continúa tranquilamente la voz, mientras sigue la procesión de personajes icónicos (Muhammad Ali, Ted Turner, María Callas, Mahatma Gandhi, Amelia Earhart, Alfred Hitchcock)—, pero lo único que no podemos hacer es ignorarles, porque ellos cambian las cosas. Impulsan a la humanidad hacia delante. Donde algunos solo ven locos, nosotros vemos genios».

Martha Graham, Jim Henson, Frank Lloyd Wright, Pablo Picasso. «Porque solo quienes están tan locos como para pensar que pueden cambiar el mundo son los que lo consiguen». Por último, dos palabras resumen el mensaje: «Piensa diferente». Corría el año 1997 y la empresa era Apple, aunque podría haber sido hoy y tratarse del anuncio de la vida reinventada, porque todas las personas que aparecen en el vídeo fueron exploradores. Vivieron al otro lado de la frontera de la curiosidad, no en el lado interno de la seguridad.

De eso trata nuestra siguiente directriz del mapa, la exploración: cambia la forma en que piensas de ti. «Porque solo quienes están tan locos como para pensar que pueden cambiar el mundo son los que lo consiguen». Mediante la exploración empezamos a cambiar el rumbo: nos abrimos a lo desconocido, separando lo viejo (lo que siempre hemos hecho, quienes hemos sido) de lo nuevo (lo que queremos aprender a hacer, quiénes nos gustaría ser).

Con la exploración hacemos oídos sordos a nuestra voz interior, esa que dice que nunca lo conseguiremos, la que nos grita que no somos así y nos recuerda ser realistas o nos dice: «Sí, pero...». Esa voz nos impide probar cosas nuevas y abandonar la zona de confort, dando rienda suelta a nuestra curiosidad.

La curiosidad o exploración es lo que nos ayuda a impulsarnos hacia la nueva curva de la vida en vez de caer otra vez en la vieja cuesta abajo.

1. Si no vas, no lo conocerás

Lo bonito de la exploración, y su poder, es que resulta muy sencilla. Solo hay que soltar amarras, abandonar ideas preconcebidas y explorar sin motivos aparentes; aceptar lo desconocido y decirse que nunca lo conoceremos si no vamos allí. Y entonces, ir.

Explorar es una sesión de lluvia de ideas sobre tu vida: ninguna idea es mala. Es una conversación sobre un conjunto nuevo de posibilidades, un nuevo abanico de gustos y aversiones. Escoge una de las siguientes actividades, pruébala y después escribe sobre ella en tu diario de posibilidades.

Acércate a un quiosco y compra un puñado de revistas que no hayas leído nunca antes por falta de interés. Si lo tuyo es la ciencia, compra una colección de cuentos. Si te gustan los deportes, lee revistas de cocina.

La próxima vez que estés conduciendo, sal de la autovía por una carretera secundaria. Si tienes un trayecto habitual de vuelta a casa, sigue otro.

Entra en una taberna local que ponga música *country* y organice bailes los viernes por la noche, aunque siempre te hayas dicho que no sabes bailar y que detestas la música *country*.

Haz alguna de estas pruebas, u otra que se te ocurra, y después escribe lo que has sentido en el diario. ¿Te ha provocado alguna idea nueva? ¿Te ha hecho cuestionarte algo que dabas por supuesto? ¿Salir de tu zona de comodidad es algo que podría acabar gustándote? ¿Qué se siente en una situación casi de pánico? ¿Tiendes a buscar información nueva o huyes de las ideas desconocidas? Se trata de practicar el arte de explorar, solo para averiguar qué sientes. La exploración es un viaje de descubrimientos y, por definición, no se puede emprender un viaje de descubrimientos si ya se conoce todo.

El problema es que a casi nadie le gusta la incertidumbre. Como el desconocimiento nos molesta, huimos de los peligros y vacilamos ante el riesgo. Estamos más a gusto con las cosas que se nos dan bien que si nos abrimos a aprender otras nuevas. No queremos recordar la sensación de ser un alumno incompetente.

Piensa ahora en el viaje que has recorrido. Lo que recordamos de los viajes que hemos hecho son los momentos de espontaneidad, porque diferencian una aventura de un viaje cualquiera. La vida reinventada nos invita a ser exploradores, no conocedores, y a descubrir las sorpresas que nos esperan.

2. La fórmula de la exploración

Volvamos al anuncio de Apple: ¿qué tenían en común todas esas personas? Sin duda, fueron genios de una forma u otra y vivieron vidas llenas de poder de decisión, curiosidad y valor, pero también personifican una fórmula de vida que no solo define su espíritu sino que además caracteriza la posibilidad de la vida reinventada. Es la fórmula de la exploración: D+P+V.

- «D» es de «dones», tu punto de partida cuando exploras una opción, un cambio o una posibilidad. ¿Cuáles son tus puntos fuertes? ¿Cómo podrías aplicarlos?

- «P» es de «pasión»: ¿qué es lo que realmente te importa? ¿Qué necesita el mundo o tu comunidad? Piensa en poner tus dones a trabajar en algún área de necesidad que te interese.

- «V» es de «valores»: ¿cómo te imaginas en el mundo? ¿Qué estilos de vida y trabajo se adaptan a ti, a tu temperamento y a tus principios?

Cuando los elementos de la fórmula D+P+V son coherentes estás viviendo tu mejor vida, utilizas tus dones en algo en lo que crees y tu entorno apoya tus esfuerzos.

3. Cómodo con la incomodidad

Con 1,98 m de altura y 136 kg de peso, John Drury no pasa desapercibido, sobre todo porque además de camionero es profesor de baile. «Creo que soy el único camionero y profesor de baile del mundo», bromea. A punto de volcar la balanza cuando pesaba 180 kg, le eligieron para participar en un concurso local de grandes perdedores en Cincinnati. Un primo suyo había muerto con 37 años y John vio cuánto sufría su familia.

Fue un detonante que le animó a cuidar de su salud, el instante de vida reinventada para John, aunque conducir un camión no se lo puso nada fácil. «La vida del camionero es brutal —asegura—. No hay vuelta de hoja. A veces solo puedes dormir tres o cuatro horas durante días y días. Tienes un tiempo limitado para descansar y comer algo, que suele ser basura».

Gracias al concurso obtuvo acceso gratuito a un gimnasio y allí conoció la disciplina del zumba, una variedad de entrenamiento físico basada en el baile. A John siempre le había gustado bailar y moverse, y aquella pasión olvidada se reavivó de nuevo. «Me gusta todo lo relacionado con el baile. Es una pasión de la mente, el cuerpo y el espíritu. Cuando era joven empecé a sentir curiosidad por el baile gracias al barrio donde vivía». Se bailaba *breakdance* por todas partes. Todo el mundo salía a la calle a presumir de sus pasos de baile aunque, para John, era algo más que una pasión porque tenía un don auténtico.

John aprendió a bailar zumba, redescubrió su viejo amor al baile y empezó a dar clases a su manera en Big John's Dance Fitness. Su dieta mejoró, terminó con la comida rápida y los refrescos y perdió casi 45 kg. Ahora conduce su camión de 18 ruedas a diario y el fin de semana da clases.

«El baile es mi vocación, lo llevo dentro. Tengo las medidas que tengo, mido 1,98 m y peso 136 kg, pero nada me va a parar», asegura. Su vocación implica mejorar su estado de salud y animar a otras personas obesas a hacer lo mismo. Ahí es donde incorpora sus valores a la ecuación. «Que seas obeso no significa que no seas humano —explica—. Tenemos sentimientos, nos gusta la música y queremos levantarnos del sillón y mover el esqueleto».

John sabe que puede ser un modelo para muchas personas que no se creen capaces de perder peso, ponerse en forma y adoptar un estilo de vida más sano. «Estoy recorriendo este viaje con mis alumnos pero todavía no he llegado a la meta. Ellos entran en clase y piensan que si yo puedo hacerlo, ellos también», afirma.

Él ha emprendido su viaje de exploración y anima a otras personas a que sigan el mismo camino. «Les digo que salgan de su zona de confort, que empiecen a sentirse cómodos con la incomodidad», cuenta. Si su tamaño y entusiasmo no consiguen convencer a sus alumnos, un vistazo a su cabeza rapada tal vez transmita el mensaje. En ella luce un tatuaje con las palabras «Mi antiguo yo está muerto».

John ha llegado muy lejos y desea seguir explorando lo que tiene por delante. «La edad no tiene nada que ver. Creo que cuando tenga 70 años seguiré con mis clases de baile».

La vida es en sí una exploración. La exploración externa es una función de la imaginación y la pasión que llevamos dentro de nosotros. Para algunos, «pasión» es una palabra peligrosa porque connota pérdida de control pero también significa libertad, esa clase de libertad que reafirma y libera. Como John Drury ha descubierto, aprovechar nuestra pasión puede ser una forma de descubrir la vocación. Desata nuevas posibilidades y abre la puerta a nuevas oportunidades.

Tal vez creas que no sabes cuáles son tus dones, tus pasiones y tus valores. O quizá no conozcas el lenguaje y la terminología para referirte a ellos. Es posible que necesites ayuda para verlos con un cristal distinto, de una manera que te permita traerlos al mundo, como en el caso de John Drury, cuyo don, pasión y valores se transformaron en una vocación de profesor de baile y, de ahí, a ayudar a otros.

4. ¿Qué es la vocación?

Las cartas de vocación (en la web de la vida reinventada, www.lifereimagined.org) son un ejercicio que te permite explorar tu fórmula D+P+V. Consiste en ordenar una baraja de 52 cartas según las cosas que más te guste hacer. Cada naipe representa un don, un punto fuerte o talento. En la baraja hay seis palos que representan formas de ser: realista, investigador, artístico, sociable, emprendedor y convencional. Después de mirar las cartas una a una, debes apilarlas en tres montones: «Sí, soy así», «No, no soy así» y «No estoy seguro». Acto seguido, fíjate en el primer montón y escoge las cinco cartas con las que más te identifiques, organizándolas según los seis palos o categorías más idóneas. Este ejercicio te presenta caminos para explorar y trasladar tus dones, pasiones y valores al mundo.

Es una forma amena y divertida de descubrir o ponerle un título a tu propia historia, un ejercicio que te ayudará a encontrar tus dones, incluso los que has olvidado.

Tómate un respiro ¡Uf! 07

Es hora de respirar hondo y relajarse. Si alguna vez has sido mochilero, sabrás que es conveniente pararse a la mitad del camino. Deja en el suelo los bultos, comprueba el contenido de la mochila, asegúrate de tener los víveres correctos y prescinde de lo que ya no necesites.

Es una oportunidad para mirar atrás y ver el camino que has recorrido. Analiza las opciones que has tomado. ¿Sigues queriendo hacer el viaje? Pon a prueba tu curiosidad: ¿es interesante el camino? Y evalúa tu valentía: ¿te comprometes a seguir por ese camino? De eso trata este breve capítulo.

Si crees que las tres primeras directrices del mapa de la vida reinventada (reflexionar, conectar y explorar) guardan relación, has acertado. No hay obligación alguna de viajar en línea recta, sino que puedes zigzaguear y elegir tu propia forma de desplazarte, pero si has pasado ya por las tres primeras directrices del mapa estarás en posición de pensar dónde has estado y lo que has hecho. Habrás tomado notas en tu diario que describan tus avances, recojan tus experiencias y reflejen la trayectoria de tus pensamientos. Y estarás preparado más que de sobra para las tres técnicas que están por venir.

Tu primer paso en el viaje de la vida reinventada ha sido reflexionar. No te has lanzado precipitadamente al mundo sino que has mirado adentro, en tu propio ser, y has dado un paso atrás del ajetreo de la vida diaria. Quizá por primera vez en tu vida, o en esta nueva fase de tu vida, te has dado permiso para tomarte un tiempo y pensar en quién eres y lo que quieres.

Si has hecho la revisión inicial de la página web de la vida reinventada habrás empezado a conocerte mejor. Si has visto el vídeo de Paulie Gee sobre la epifanía pizzera (que encontrarás en nuestra página), sabrás que la vida reinventada es para todos.

La reflexión te ha ayudado a prepararte para conectar con los demás. Cuando te conoces mejor, resulta más fácil buscar compañeros de viaje, otras personas con las que puedas compartir el camino. Con cada paso que das adquieres más conciencia de las nuevas opciones que se te presentan, así cómo oportunidades para despertar tu curiosidad y actuar con valor. Cada paso te aporta nuevas energías para el resto del viaje.

Las técnicas que engloban la fase de conexión te habrán dado un fundamento sólido sobre el que puedes seguir avanzando. Crear una caja de resonancia es un paso fundamental en el viaje de la vida reinventada. Todos necesitamos a otras personas que nos vean con ojos nuevos y nos ayuden a enmarcar las opciones con distintos puntos de vista. Te descubrirás acudiendo a tu caja de resonancia en cada etapa del camino, según vayas ahondando en las posibilidades y opciones que vayas encontrando. Si has visto los vídeos de Annie Walker y James «J. B.» Brown sabrás lo poderosas que son las relaciones en el camino hacia la vida reinventada.

Es lógico que, con las nuevas ideas que aporta la reflexión y el nuevo apoyo de la conexión con los demás, surjan la curiosidad y el valor para ponerse a explorar. Si has hecho el ejercicio de las cartas de vocación tendrás una idea bastante clara de tus dones, pasiones y valores. Sacarlos al mundo para averiguar en qué se pueden convertir es un paso que debe ser liberador y divertido, una oportunidad para probar nuevas posibilidades que quizá no te habías planteado antes. El vídeo de John Drury enseña lo que puede ocurrir cuando aceptas y desarrollas tus dones. No hace falta encerrarse en una opción concreta; ese paso ya llegará y, cuando llegue, habrás adquirido más conciencia, tendrás más apoyo de los demás y una apreciación más consolidada de ti mismo. Estas capacidades te equiparán para las tres próximas directrices del mapa: elegir, rehacer el equipaje y actuar. Entonces tendrás que tomar decisiones más firmes, escoger lo que quieres llevar contigo en la siguiente etapa y, por último, actuar de acuerdo con tus decisiones.

Esta breve pausa ha terminado. ¡Es hora de seguir el camino!

Elige
Y ahora, ¿qué? 08

La vida reinventada nos dice que tomamos decisiones mejores (y encontramos más satisfacción) cuando vivimos de dentro afuera. Piénsalo de esta manera: en esencia, la vida consta de decisiones sobre qué tener, hacer y ser.

La vieja historia animaba a perseguir la felicidad así: si tengo suficiente (normalmente, dinero), seré capaz de hacer lo que quiero (y que he dejado para después) y al final seré feliz. La nueva historia da la vuelta a la tortilla. Empezamos siendo quienes somos de verdad y eso nos lleva a hacer las cosas que coinciden con nuestra forma de ser. En consecuencia, acabamos teniendo una vida satisfactoria, tanto con éxitos externos como con sensación de autenticidad interior. En esta nueva fase de la vida lo importante es acertar con el proceso.

Volvamos a las historias de vidas reinventadas y recordemos a las personas que hemos conocido en los capítulos anteriores. Uno de los elementos más sorprendentes es lo que todos esos exploradores y pioneros no han dicho. Ninguno ha hablado de ganar dinero para comprar más cosas, ni de llevar una vida llena de ocio y lujos, o una existencia fácil. Tampoco han hablado de escapar de la vida para realizar todos sus proyectos ni de comparar sus trayectorias vitales con las de los demás, que tal vez tengan más dinero, una casa más grande o un coche más imponente. No han medido sus vidas con las de otras personas ni mencionan la vieja historia que pone la jubilación como el destino final. Todos encontraron algo que podrían hacer durante el resto de sus vidas y tomaron decisiones que les aportaron una vida más sana y plena, basada en «ser mucho» a pesar de no tener mucho. A la hora de elegir, una cosa está clara: elige la plenitud.

1. Cómo elegir la plenitud

¿Recuerdas que al principio del libro te avisamos de que las transiciones pueden asustar pero no pasa nada? Dijimos que la vida reinventada no es una respuesta fácil ni una fórmula demostrada o predeterminada. En la directriz de la elección hemos llegado a uno de esos temibles lugares.

Hasta ahora el mapa de la vida reinventada te ha animado a mirar adentro, a conectar con los demás y abrirte a nuevas posibilidades mediante una exploración abierta. En este paso ha llegado la hora de estrechar el camino a unas cuantas opciones.

Para algunas personas el acto de elegir es traumático. ¿Y si tomo la decisión errónea? ¿Y si no estoy a la altura? ¿Y si me comprometo con un camino y después me doy cuenta de que no va conmigo? Si te encuentras en alguno de estos casos, ¡relájate! Las elecciones que tendrás que tomar en este punto de tu viaje hacia la vida reinventada no son un todo o nada. Por ahora se trata de concretar un poco más las vías que puedes seguir para aplicar lo que has aprendido y hacer realidad tus dones, pasiones y valores en el mundo. Puede haber muchas formas de hacerlo, no existe solo una manera correcta.

Elegir forma parte de explorar, pero implica reducir las opciones a menos posibilidades para lograr claridad. Y hace falta más valor para atravesar una o varias de las puertas que has descubierto durante la exploración. Todavía estás probando las opciones, las diferentes versiones de tu vida reinventada, pero has empezado a descartar unas y a profundizar en otras.

2. Pequeños mordiscos

Reinventar la vida no tiene por qué asustar, aunque exige una intención firme y estar dispuesto a dar pequeños pasos. Permítenos recalcar la importancia de que los pasos sean cortos. Elegir no te compromete a una decisión irrevocable, sino que se trata de dar mordiscos pequeños y fáciles de digerir.

¿Te acuerdas del viejo chiste de cómo comerse un elefante? La respuesta es mordisco a mordisco. Eso mismo es válido para las decisiones que tomemos en este punto de la vida reinventada. No hay que tragarse el elefante entero, solo hay que dar un primer mordisco y después otro, y otro.

El acto de escoger se vuelve más fácil y accesible si lo dividimos en pequeños rituales periódicos. En la vida reinventada vales lo que valen tus técnicas, es decir, lo que haces. Los rituales convierten esas técnicas en un elemento cotidiano de la vida y gracias a eso pasan a ser acciones fáciles y amenas, fuente de orgullo y recordatorio de los progresos en el viaje.

Un ritual puede ser tan sencillo como pararse, pensar, actuar y aprender. Por ejemplo, un pequeño ritual es pedirse citas periódicas con uno mismo y anotarlas en el calendario. Se trata de una pausa, un momento que destinamos a nuestros esfuerzos de la vida reinventada y que no debe interrumpirse. Sin llamadas, mensajes electrónicos ni golpes en la puerta. Haz un ayuno tecnológico y reserva un tiempo para analizar tus opciones, pensar, leer, escribir e imaginar posibilidades distintas.

Otro ritual debe ser la reflexión periódica: dedicar un tiempo a escribir en el diario de las posibilidades y repasar lo que has escrito antes. Se trata de anotar cosas que quieras plasmar y que puedan ayudarte a encontrar las pistas que necesitas para tomar decisiones. También puedes realizar pequeños actos diarios, pensados para darte más información y enseñarte lecciones nuevas. Cuando vayas afinando tus opciones, por ejemplo, piensa en las personas y los lugares que tengan que ver con las cosas que te despierten curiosidad. Visita organizaciones que te aporten datos sobre el área de tu interés, ofrécete voluntario para pasar un tiempo en algún sitio donde se lleve a cabo algo que te interese. Sigue a alguien que haga lo que piensas que a lo mejor quieres hacer, y después registra tus reacciones a estas investigaciones en el diario.

Asegúrate de visitar periódicamente la página web de la vida reinventada para conocer nuevos vídeos, aplicaciones, ejercicios e historias publicadas y profundizar en tu viaje. Te interesa estar listo todos los días para aprender, escuchar y tal vez escoger. De esa manera, todos los días serán más valiosos y emocionantes y tu vida será más plena.

3. ¿Qué quieres ser de mayor?

Todo el mundo sabe que no hay ningún negocio como el del espectáculo, aunque no todos lo hemos vivido en primera persona. «Broadway, sobre todo, es muy repetitivo —asegura Tripp Hanson—. Trabajas ocho días a la semana. Es la agenda de un triatleta». Él lo sabe bien porque fue pianista, cantante, bailarín de claqué y actor, llegando a ser veterano en cinco espectáculos de Broadway, incluidos los éxitos de taquilla *Kiss Me Kate* y *Thoroughly Modern Millie*... hasta que se hizo acupuntor.

El problema de Tripp no era el éxito, sino que el exceso de éxito, con el tiempo, se hizo cada vez más difícil de mantener. «Al final de una función uno no se siente igual con 40 años que cuando tiene 30 —recuerda—. Tenía una sensación de hundimiento y mareo. Y pensaba: '¿Y si, al final, no me paso el resto de la vida haciendo lo que con tantas ganas me propuse hacer?'».

Sin embargo, saber que quieres explorar algo nuevo y estar seguro de qué es, o de cómo averiguarlo, son cosas bien distintas. En el caso de Tripp, la respuesta surgió en parte al recordar sus intereses e ideales de la infancia. «A los 4 años, cuando me preguntaban qué iba a ser de mayor, yo respondía que médico —recuerda Tripp—. Estaba decidido a convertirme en alguien que ayudase a los demás a sentirse mejor». La línea conectora entre sus viejos anhelos y su nueva vocación no fue recta ni previsible.

«Ocurrió que tenía un perro, Míster Spanky, con problemas de rodilla tan graves que dejó de bajar las escaleras. Alguien me sugirió que probase con la acupuntura canina. '¿Acupuntura canina? ¿Hacen eso a los perros?', me pregunté. Al final, llevé a mi perro al acupuntor y le sometió a dos tratamientos. Un día, volví a casa y ¡Spanky subió las escaleras! —ver a su perro moverse sin dolor le dio qué pensar—. Yo tenía un problema en el pie y pensé que, tal vez, la acupuntura me podría ayudar».

Su primera cita fue toda una revelación: «Me pusieron una aguja en el costado de la pierna y de repente noté un ruido, como una carga de energía. Fue casi como un minipetardo dentro del pie. Le pregunté al acupuntor cómo funcionaba», recuerda.

Aquel fue el instante de vida reinventada para Tripp. Más que un tratamiento de acupuntura, para Tripp la sesión resultó un hilo del que tirar, una nueva puerta que tal vez quisiese cruzar, otra forma de explorar una pasión archivada. «Otra vez la cantinela de que quiero ser médico», pensó. Si de verdad quería buscar una dirección nueva, tenía que hacer más exploración y acabar comprometiéndose.

«Estaba sentado en el camerino de *Thoroughly Modern Millie* y les pregunté a mis compañeros dónde se estudiaba acupuntura. ¿Hacía falta irse a China? Respondieron que había una clínica en la calle 14, en el Instituto Tristate de Acupuntura», explica Tripp. Su elección le llevó a matricularse en un curso para comprobar si ese tipo de medicina se ajustaba a sus propios dones, pasiones y valores. «La medicina china tenía sentido para mí y acumulaba la suficiente dosis de algo parecido al teatro», concluye. Y eso fue lo que le hizo decidirse.

Cuando recuerda cómo encontró su camino hacia la acupuntura, Tripp da el consejo de quien ha pasado por buscar algo sin saber exactamente qué. «Algo te llamará la atención —asegura, por propia experiencia—. Cuando pase, estate muy atento porque, ante los problemas, nos damos cuenta de cómo somos».

Él ha emprendido un nuevo camino, aunque sin dejar del todo el antiguo. «Todavía me pongo mis zapatos de claqué de vez en cuando y voy a un estudio a bailar —explica—. Esa parte de mí no está muerta, pero ahora forma parte de un todo más amplio».

Respecto a su nueva trayectoria de acupuntor, con estrellas de Broadway entre sus pacientes, tiene muy claras las recompensas: «El amor es fundamental: cuando reinventas tu vida has de amar lo que haces, lo que eres, e implicarte con todo ello». En este momento, Tripp está enamorado de quien es, de lo que hace y de su vida.

4. Objetivos y propósitos

¿Quién puede escoger? Para muchas personas, alguien o algo ha tomado sus decisiones por ellas. Pueden haber sido sus padres, la hipoteca, el jefe, los amigos o las responsabilidades. A veces se despiertan veinte o treinta años después aprisionados por un trabajo, una carrera, un matrimonio o una ciudad que no han elegido, preguntándose cómo han llegado hasta allí y si podrán salir.

La elección viene acompañada de oportunidad y responsabilidad. Si quieres reinventar tu vida tendrás que tomar las decisiones tú. Tienes la oportunidad de hacerlo y la responsabilidad de asumir las consecuencias.

Dicho esto, hay que diferenciar entre este paso (elegir) y el siguiente (actuar). Elegir es parte del proceso inicial de probar distintas formas posibles de aplicar los dones, las pasiones y los valores. No se trata todavía de comprometerse con un camino concreto. La diferencia entre elegir y actuar equivale a la distinción entre tener un propósito y tener un objetivo. Un objetivo es un resultado concreto que deseas alcanzar; por ejemplo, perder 5 kg. El propósito es el porqué de ese objetivo.

La diferencia entre ambas cosas es el tiempo. Para alcanzar el objetivo te marcas un plazo: «Quiero perder 5 kg en tres meses». El propósito no tiene nada que ver con el tiempo sino con la dirección. Es más amplio, profundo y distante. En vez de pensar en perder 5 kg en tres meses, piensa en llevar una vida más sana. Esa sería la razón última de tu objetivo de perder peso.

En este punto de la vida reinventada todavía no has empezado a actuar; no estás preparado para fijarte un objetivo concreto en un plazo definido. De momento estás limitando tus opciones, sin comprometerte todavía con ninguna de ellas, pues estás intentando emparejar tu propósito con cada posibilidad. Para hacerlos encajar, puedes seguir tu instinto visceral, confiar en tu intuición y cotejar tus sentimientos con lo que te dice el mundo exterior. Puedes adoptar algún ritual, una técnica diaria que te permita afinar la sensación de lo que mejor te va y lo que es posible en el mundo.

De cualquier manera, elegir es parte del proceso de la vida reinventada para encontrar mayor plenitud.

Rehaz el equipaje
¿Qué vas a dejar atrás y qué quieres llevarte? 09

La experiencia cotidiana nos dice que estamos atravesando un periodo de cambios sin precedentes. Los cambios económicos complican cada vez más la vida, los cambios en la medicina la alargan y los cambios en el estilo de vida la hacen más interesante. La vida reinventada responde a esos cambios externos y va más allá, hasta un punto más profundo y diferente, porque no se limita a los cambios: hablamos de transiciones. Aunque es muy frecuente usar ambos términos como sinónimos, no significan ni nos exigen lo mismo.

Piénsalo bien: el cambio suele ser situacional, objetivo y externo. Cambiamos de trabajo y pasamos de un sector a otro. Cambiamos de domicilio y nos mudamos de una ciudad a otra. Cambiamos nuestro estado civil y pasamos de ser solteros a estar casados o al revés. Estos cambios se reflejan en los impuestos, el carné de identidad o el currículo.

Las transiciones poseen un elemento personal que no se recoge en un impreso o una solicitud de trabajo. Al contrario que los cambios, su resonancia es más honda y su naturaleza, más elemental: no se trata tanto de lo que pasa ahí fuera, sino de quién está dentro de nosotros. Las transiciones exigen que asumamos cambios. Tienen que ver con quién hemos sido, de dónde venimos y hacia dónde vamos, nos piden que investiguemos lo que hemos ido recogiendo por el camino, tanto lo tangible como lo intangible, y desechemos lo que ya no coincide con quiénes somos o con lo que queremos llegar a ser. La transición consiste en rehacer el equipaje interno y reinventarnos, pasos que debemos seguir para aprovechar los cambios que nos sobrevienen en el mundo exterior.

Las transiciones, y el arte de rehacer las maletas, tienen que ver con la caída gradual de lo viejo y la aparición, también gradual, de lo nuevo. Hacer el equipaje es un elemento esencial de las transiciones vitales, sin el que no conseguiríamos que llegase a pasarnos nada nuevo en la vida. Nos ayuda a desprendernos del pasado y, a la vez, a que la transición que estamos haciendo para el futuro llegue a cuajar.

Rehacer el equipaje es decidir lo que queremos conservar y lo que no. Es el proceso de decir adiós a las cosas como eran antes y adoptar la forma en que son ahora o serán en un futuro.

1. ¿Una vida de cosas o las cosas de la vida?

Seamos conscientes o no, somos coleccionistas. De niños coleccionábamos cromos, muñecas, cajas de cerillas o sellos, y en la edad adulta pasamos a coleccionar otras cosas (a veces de manera consciente y otras inconsciente, ya sean objetos tangibles o intangibles) que, de un modo u otro tienen que ver con la combinación de papeles, costumbres y acciones que hemos ido adoptando en el curso de nuestras vidas.

Si nuestra profesión nos exigía vestir de cierta manera, hemos coleccionado prendas aptas para el trabajo y la actitud que van con ella. Una afición se convierte en una colección que refleja el interés y la historia personal correspondiente: cebo, cañas y carretes para pescar truchas; libros de recetas, utensilios y accesorios para cocinar; tiendas de campaña, sacos de dormir y mochilas para ir de acampada... Si hemos sido ávidos lectores, habremos coleccionado libros. Si nos ha atraído la fotografía, tendremos una colección de imágenes. Si nos gusta trabajar con las manos, coleccionaremos herramientas. De una forma u otra, tendemos a coleccionar cosas, objetos tangibles y artefactos que decoran nuestras casas, o recuerdos, sueños y lamentos de las experiencias y emociones que jalonan nuestra vida interior. Pueden ser hábitos, creencias, formas de comunicarse o relacionarse con los demás, o una imagen propia que arrastramos desde hace años.

Si somos sinceros nos daremos cuenta de que las cosas que coleccionamos representan lo que somos o, por lo menos, lo que hemos sido. Nos recuerdan los trabajos que hemos tenido, los intereses que hemos cultivado y a las personas que hemos conocido a lo largo de nuestro viaje hasta ahora. A veces la trayectoria de empleos, cargos y funciones se convierte en la propia vida o incluso en la identidad, en lo que pensamos de nosotros mismos. Otras, los álbumes de fotos repletos de viejas imágenes de bebés, vacaciones y fiestas representan la manera en que hemos vivido.

Ser coleccionista o tener una colección no es malo, aunque conviene pararse a pensar en todos esos objetos y preguntarse qué es lo fundamental para la siguiente etapa del camino. ¿Estoy llenando mi vida de cosas sin más? ¿O voy en busca de una vida plena?

El proceso de rehacer las maletas nos da la oportunidad de pararnos a pensar en las cosas que tenemos y valorarlas o transformar los objetos tangibles e intangibles de la vida en una cuestión profunda sobre la identidad y las posibilidades. ¿Sigo siendo la misma persona que coleccionaba todo esto? ¿Son las cosas que quiero y necesito en la siguiente etapa de mi vida? ¿O son objetos y hábitos viejos que me anclan y lastran? ¿Me convendría deshacerme de algunas cosas viejas y hacer sitio a otras nuevas?

2. El momento de rehacer las maletas

Como otras etapas de la vida reinventada, esta tiene que ver con el tiempo. En esta nueva etapa de la vida, una mayor conciencia del tiempo da forma a cada directriz del mapa, aunque nunca tanto como ahora. Cuando rehacemos las maletas, hacemos el esfuerzo consciente de distinguir entre el tiempo pasado y el futuro, y en el proceso sopesamos también lo que es importante y lo que no.

También es cierto que, cuando llegamos a la mitad de la vida o más allá, estamos más al tanto de los límites que nos impone el tiempo. Tal vez haya llegado el momento de decir que no a las exigencias, actitudes y compromisos obsoletos del pasado y sacar tiempo para los síes que nos esperan en el futuro. Quizá sea la hora de renunciar a comités o juntas que ya no significan nada. La valoración externa y la aprobación social han dejado de importar cuando el tiempo es lo primero y lo que cuenta es su calidad. ¿Lo aprovechamos o lo ocupamos?

A medida que avanzamos en la vida somos mucho más propensos a enfrentarnos a la ineludible realidad de que nadie vive eternamente. La mortalidad ocupa un lugar muy céntrico en todas las historias de vidas reinventadas. La vida reinventada nos recuerda que somos criaturas temporales, que vivimos en un tiempo y que estamos a merced de él.

No es una conciencia nueva y ni siquiera una observación original. Tradiciones sabias, religiones, filósofos, poetas, artistas y cantautores llevan mucho tiempo hablando de ello. Lo que hay que preguntarse es cómo aplicamos esa concienciación. ¿Cómo tomamos las decisiones más acertadas para dedicar nuestro limitado tiempo? ¿Cómo aprovechamos cada día al máximo?

Rehacer las maletas es una técnica que ofrece un planteamiento potente. Se trata de analizar atentamente todo lo que transportamos y decidir qué es imprescindible para el viaje y qué no, de qué queremos desprendernos y qué vamos a conservar. Es una muestra de la capacidad para decidir, sentir curiosidad y actuar con valor; una técnica que nos desafía a aligerar la carga.

Para tener éxito en esta nueva etapa de la vida debemos aprender a hacer las maletas, deshacerlas y rehacerlas con frecuencia, planteando las preguntas correctas que representan las técnicas del viaje de la vida reinventada: reflexionar, conectar, explorar, elegir, rehacer las maletas y, en último término, actuar. Si hacemos esas preguntas y buscamos las respuestas profundas que suscitan, tendremos la seguridad de seguir hacia delante con energía y creatividad.

3. «¿Por qué?» es una pregunta peligrosa

Cuando rehaces las maletas te fijas largo y tendido, con honestidad, en lo que te rodea y te preguntas por qué. ¿Por qué me levanto por las mañanas? ¿Por qué trabajo en lo que trabajo? ¿Por qué vivo donde vivo? ¿Por qué compro lo que compro? ¿Por qué quiero lo que quiero? ¿Por qué tengo lo que tengo? ¿Por qué quiero a quien quiero? ¿Por qué guardo lo que guardo? ¿Por qué pienso de mí como pienso?

«¿Por qué?» es una pregunta peligrosa porque da libertad y exige al mismo tiempo responsabilidad. En cuanto te preguntas el porqué de algo abres la posibilidad de elegir. Esta es una de las razones por las que rehacer el equipaje es uno de los pasos más difíciles, exigentes e importantes del camino hacia la vida reinventada. Y por eso también es la penúltima directriz, la última tarea antes de actuar.

Rehacer el equipaje te exige remontarte a cada uno de los pasos previos del camino, recordar las tareas anteriores y pensar en lo que has aprendido a cada paso del camino. Vuelves a reflexionar, descubres si lo que decías tenía sentido, y comparas tus reflexiones sobre lo que importa con los objetos que posees. Conectas con tu caja de resonancia y tu voz interior para contrastar la vida que has llevado con la que aspiras vivir en adelante. Exploras otra vez las opciones que has estado sopesando, las posibilidades que has descubierto y las que la vida te ha presentado, y escoges lo que necesitas para seguir en el camino hacia la opción que te parece más gratificante. Eliges las vías que se adaptan mejor a ti, te planteas seriamente deshacerte de las costumbres y funciones que te han ayudado a definir tu viejo yo y haces espacio para tu nuevo yo.

Rehacer el equipaje, preguntarse el porqué, exige capacidad de decisión y una actitud curiosa y valiente. Al preguntarte el porqué es posible que decidas quedarte con lo que tienes, con lo que estás haciendo y con lo que eres. Pero también puede que respondas haciendo sitio a un nuevo conjunto de opciones. Rehacer las maletas es el paso en el trayecto de la vida reinventada que nos llama a enfrentarnos con la proposición subyacente que ocupa el centro de la nueva realidad: en la vida es imprescindible decidir.

No rehacer las maletas, o no atreverse al reto, es no crecer hasta tu verdadero yo y privarte de descubrir las posibilidades reales que te esperan. La manera de crecer es dar un paso hacia las posibilidades nuevas y emergentes que presenta la vida reinventada y, para que eso ocurra, debes estar dispuesto a desprenderte de algunas cosas del pasado (tu viejo yo) que ya no coinciden con la persona en que te estás convirtiendo.

4. Rehacer el equipaje con un propósito

A veces las personas rehacen las maletas porque quieren seguir una dirección nueva; otras veces, se ven entre la espada y la pared. «Yo era la mayor y mis hermanos no tenían salida —recuerda María Vásquez—. Un miliciano nos estaba apuntando con una metralleta. Así de serio fue». Era 1959 y Fidel Castro y su revolución cubana acababan de poner fin a la normalidad en la vida de una joven y su familia. «Fue un destierro, porque te arrancan de tu tierra —explica María—. No te vas porque quieras irte sino porque no te queda más remedio».

Su padre estuvo en la cárcel durante el régimen de Castro por sus ideas políticas. «Unos hombres vestidos de verde, la milicia de Castro, entraron en casa y acosaron a mi familia», relata. La opción que se le presentó fue la de huir a Estados Unidos y dejar a su padre atrás: «Nos fuimos justo cuando empezó la revolución. Era nuestra oportunidad de crecer en libertad». Aun así, llegar a Miami con su madre y sus hermanos no fue cosa fácil. «Todo era un gran interrogante, —explica, al recordar la separación de su padre y el comienzo de una vida nueva en otro país—. Nos preguntábamos: '¿Cuándo volveremos a ver a papá? Es más, ¿le volveremos a ver?'». Para empezar de nuevo, su madre tuvo que partir de cero.

«Mi madre era muy positiva, fuerte y trabajadora —asegura María—. Nos enseñó a mirar hacia delante, pasara lo que pasara. Tenía un doctorado, pero al llegar a Estados Unidos el único empleo que encontró fue para limpiar en un hotel». Para ahorrarse el billete de autobús iba andando hasta el trabajo. Después supieron que su padre había salido de la cárcel por error. Junto a unos amigos secuestró un barco y llegó a Cayo Hueso, en Florida. Poco después, la familia volvió a estar unida.

Dondequiera que viviese, María nunca olvidó el sabor de Cuba. Durante un tiempo residió con su marido en Venezuela y ambos recordaban las bondades de la gastronomía cubana. ¿Y si acercaban aquellos sabores a las personas que ya no vivían en la isla? ¿Y si abrían un negocio vendiendo comida cubana por internet?

Fue el instante de vida reinventada de María: «Habíamos pasado la cincuentena cuando empezamos. Las personas de nuestra generación no suelen saber ni cómo manejar un ratón, así que fue complicado —reconoce—. Empezamos en casa y el negocio fue creciendo. Pronto hacíamos envíos por todo el país y después también a Europa».

Abrieron un comercio minorista con los sabores, olores, raíces y tradiciones del estilo de vida cubana. Gracias al negocio de internet, María y su marido consiguieron enviar grandes cantidades de productos cubanos por todo el mundo. «Lo que más me gusta de lo que hacemos con la tienda es que sacamos el país al exterior —confiesa—. «Enseñamos cómo somos. Nuestra tienda y el negocio se han convertido en un icono de la cultura cubana».

Para María, rehacer las maletas (literalmente, en aquel día fatídico en Cuba) la ha llevado a una vida que demuestra lo que cualquiera puede hacer si se reinventa. «Creo que me encuentro en lo más alto de mi propósito en la vida —afirma—, el propósito de demostrar a la gente que la vida es lo que quieres que sea. La felicidad viene de dentro. La vida exterior puede darte gratificación instantánea pero la felicidad hay que buscarla en el interior de cada uno. Si no se tiene un propósito, no hay felicidad interior».

5. No es tan sencillo

Rehacer el equipaje es algo más que simplificar la vida. Es un elemento de este paso, pero no el único y, en algunos casos, lo simplifica demasiado. Cuando se produce un detonante las soluciones fáciles son tentadoras: el estrés y la ansiedad que los acompañan hacen que las respuestas sencillas parezcan las más apropiadas: reducir, mudarse, dejarlo, marcharse... Simplificar la vida, en general.

El problema es que las estrategias que simplifican la vida no abordan las razones subyacentes por las que nos sentimos sobrecargados o vacíos. Rehacer las maletas es más que una estrategia de simplificación porque nos lleva al centro del porqué. ¿Por qué tenemos lo que tenemos? ¿Por qué hacemos eso? ¿Por qué nos sentimos así?

La historia de María Vásquez ilustra que cuando tenemos un porqué en la vida soportamos casi cualquier cómo. Rehacer las maletas tiene que ver con ese porqué; es una forma de dar un paso adelante, el paso que lleva a la acción. No confundas rehacer el equipaje con simplificar sin más.

Dicho esto, simplificar la vida puede ser un punto de arranque bueno, útil e incluso divertido. Cuando tenemos menos cosas en la mochila podemos imaginar más formas de sacarle partido. Rehacer las maletas es desprenderse de todos los trastos, esos elementos incoherentes con nuestro propósito y satisfacción. Tiene que ver con las decisiones y exige que reinventemos deliberadamente la vida a la medida de nuestro propósito. Ese es el poder y la utilidad de rehacer el equipaje.

La diversión llega con la práctica y con un poco de imaginación. Plantéate un pequeño ejercicio, factible y real: vacía un cajón o un armario y comprenderás lo que se siente al rehacer las maletas. Después de este sencillo ejercicio, escribe sobre él en tu diario. ¿Qué has decidido donar? ¿Con qué te has quedado y por qué? ¿Aligerar la carga te ha ayudado a moverte más deprisa y con más facilidad?

Otro ejercicio para tu diario: cuando piensas en rehacer las maletas para tu viaje hacia la vida reinventada, ¿qué tipo de maleta o bolsa llevarías? ¿Todavía necesitas ese viejo maletín o es un vestigio de la persona que un día fuiste pero ya no eres? ¿Prefieres una maleta o una mochila? Diviértete mientras tanto porque tus probabilidades de encontrar el camino hacia delante aumentan con la cantidad de diversión que tengas durante el trayecto.

6. Rehazte también a ti mismo

Rehacer el equipaje es un paso fundamental para avanzar hacia la siguiente etapa de la vida pero eso no significa que sea agradable, fácil o cómodo. Las transiciones pueden ser duras. Todas empiezan con un final, pasan a una etapa de limbo y conducen a una nueva acción o un nuevo comienzo.

Los finales raras veces llegan sin cierto dolor o sensación de pérdida o tristeza. Los finales implican dejar cosas atrás, ya sea una relación con viejos amigos, un lugar conocido o una concepción de nosotros mismos a la que nos hemos acostumbrado o de la que nos sentimos seguros. Los finales se producen por necesidad, antes de que tengamos algo concreto con que reemplazarlos.

El espacio entre lo antiguo y lo nuevo es un limbo que trae consigo una sensación de vacío. Algo se ha perdido y todavía no hay nada con lo que llenar el hueco. A menudo el limbo es tan incómodo que nos apresuramos a llenarlo lo más rápido posible. En esta sociedad acelerada, nos sentimos obligados a hacer o tener algo, lo que sea, solo para evitar la sensación de no hacer o no tener nada. Rehacer las maletas puede servir de colchón contra las exigencias de la vida diaria. Tómate un momento para reflexionar detenidamente sobre lo que necesitas y lo que no necesitas antes de actuar. ¿A qué le ha llegado su hora? ¿En qué sentido se te ha quedado pequeña la identidad que has llevado puesta en el pasado? Rehazte a ti mismo mientras vuelves a hacer las maletas.

7. ¿Quién te has creído que eres?

Cuando alguien dice que no sabe lo que quiere, en realidad casi siempre lo sabe pero no quiere prescindir de lo que tiene o hace ahora, o de la persona que es. Tal vez piense que no debería querer eso o que es inalcanzable. Al fin y al cabo, ¿quién se ha creído que es?

La identidad es el trasfondo de rehacer las maletas. Para trazar el camino a la siguiente etapa de la vida hay que saber primero de dónde has venido. Tienes que conocer tu propia historia. Si eres como la mayoría, habrás estado demasiado ocupado viviendo tu vida como para sentarte un momento a escribirla. Sin embargo, en cuestiones de identidad, tener una historia coherente te ayudará a sentirte más cómodo con el pasado y menos temeroso del futuro. Se trata de ver la película de tu vida como un guion coherente en vez de una sucesión de fotogramas aislados. Cuando lo hagas comprenderás mejor lo que necesitas llevar en la próxima etapa del viaje y lo que puedes dejar atrás sin problemas.

¿Quién crees que eres? ¿Cuál es tu historia?

8. Escribe tus memorias

Muchas personas, cuando dicen que les gustaría escribir un libro, en realidad se refieren a contar su propia historia, compartir las lecciones que han aprendido, conectar con sus amigos y dejar un legado escrito para sus hijos. Desean reflejar su trayectoria y encontrar el significado de sus vidas y su propósito, mirando atrás hacia las cosas que han hecho y los lugares donde han estado. Para todos los demás es demasiado laborioso o profundo. Sea como sea, resulta un ejercicio útil para el diario. Aunque no tengas la ambición de escribir un libro, pensar en tu historia como en un libro es una herramienta para rehacer las maletas.

Empieza escribiendo el índice que aparecerá al principio de tus memorias. ¿Cómo se titulan los capítulos de la historia de tu vida? ¿Dónde empieza? ¿Cómo vas a organizar los episodios? Si quieres agruparlos según las distintas etapas de la vida, ¿cómo llamarías a cada una? ¿Y cómo piensas entrelazarlas?

Piensa en dónde estás ahora: ¿cómo se titularía el capítulo actual? Mirando al futuro, ¿qué título pondrás al próximo capítulo? ¿Y a la siguiente etapa de tu vida? ¿Lo llamarás «La etapa de la aventura»? ¿«La etapa del ocio»? ¿«La etapa de la solidaridad»? Ponerle nombre te ayudará a continuar tu historia. Mientras escribas, no confundas quién eres con qué has hecho. Tú no eres tu propio currículo, ni tu historia es la suma de todos los puestos o cargos que has ejercido.

Edifica tu historia pero no te dejes limitar por ella. Usa las lecciones aprendidas para crear el próximo capítulo y ampliar tu vieja historia con un futuro de nuevas posibilidades.

Un viejo refrán dice que «si eres lo que haces, ¿qué eres cuando no lo haces?». Rehacer las maletas nos recuerda que debemos ir en busca de lo que vendrá después y no anclarnos en el pasado.

9. ¿Comparado con quién?

Es fácil perder el rastro de uno mismo si nos ponemos a comparar nuestra historia con la de los demás. La vida reinventada se basa en la proposición de que la vida de cada uno es un experimento individual. ¿Para qué perder el tiempo comparando tu historia con la de otra persona? Siempre encontrarás a alguien que sea mejor que tú, o peor, de un modo u otro: más rico, más delgado, más listo, más divertido. ¿Y qué más da? ¿Acaso compararte con otra persona te ayuda a descubrir tu propio propósito? ¿Medir tu vida con la de otro te da una dirección para seguir adelante? Cuanto más compares tu historia con la de los demás, más probabilidades tendrás de desviarte de tu camino.

En la vida reinventada lo importante es ser quien eres y empezar donde estás.

Actúa ¿Qué hago ahora? 10

Al final, o más bien, para que haya un principio, hay que actuar. Todo empieza cuando haces algo, es así de simple. Para reinventar la vida hay que hacer algo y después volver a hacer lo mismo o algo distinto, dependiendo de la experiencia que hayas tenido o de cómo te hayas sentido al hacerlo.

Empieza donde estás, usa la preparación que tienes y las técnicas que has practicado como guía, información y pensamiento creativo. Después adáptate al camino. Así de fácil: actúa. Lo único peor que equivocarse es no haberlo intentado.

1. La acción es enemiga del miedo

Vayamos al grano. Todos oímos voces que nos dicen: ¿y si me equivoco? ¿Y si hago el ridículo? ¿Y si hago lo incorrecto y no funciona como quiero? ¿Y si me critican mis amigos? ¿Y si mi familia no lo aprueba?

El miedo es enemigo de la acción porque nos roba la capacidad de decisión, debilita la curiosidad y electrocuta la valentía, aunque más cierto todavía es que la acción es enemiga del miedo. La acción inhibe el miedo, abre posibilidades y genera energía. No hay nada más estimulante que hacer algo nuevo y aprender de ello.

Otra gran verdad es que la vida reinventada no es un examen que pueda aprobarse o suspenderse. No hay necesidad de complicar el proceso ni llenarlo de ansiedad. A pesar de lo que te digan, hoy no es el primer día del resto de tu vida. No estás firmando un compromiso irrevocable con un mecanismo de acción que te ate a un camino sin retorno. Solo estás ejerciendo tu libertad para decidir y actuar con curiosidad y valor para dar un primer paso hacia una vida reinventada que te ofrece una nueva sensación de vocación.

Y en cuanto a las voces del miedo y las críticas... ¡apaga el sonido! No hay notas, profesores ni figuras autoritarias que pronuncien juicios de valor sobre lo bien o lo mal que lo estás haciendo. Después de todo, ¿cómo calificarías una aventura? ¿Cómo evaluarías el experimento privado que es tu propia vida? Lo único que necesitas es tu permiso para salir hacia el camino que has elegido y experimentar lo que sientes.

2. El continuismo no tiene continuidad

Digamos que estás atrapado o, simplemente, te gustan las cosas tal como están. Que no actúes no significa que vayan a continuar así, porque lo cierto es que las cosas, lo quieras o no, siempre van a cambiar. Por eso es importante que recuerdes que la situación no siempre ha sido así, sino que un día fue nueva, desconocida o incluso incómoda. Actuar no solo te abre el camino que tienes delante sino que también ha creado el que tienes detrás, el que te ha traído hasta aquí. Nada sigue siendo igual: los detonantes se ocuparán de que tu vida cambie.

La pregunta es: ¿quién es el dueño de tu vida? Incluso querer apegarse al continuismo y conservarlo implica entregar la vida a fuerzas externas; es darle la espalda a las opciones y aceptar lo que te sobrevenga.

Sentirse atrapado no tiene nada de malo, pero no querer salir no tiene nada de bueno.

3. Tú eres el experto en tu vida

Los consejos son útiles, la caja de resonancia ayuda y no debemos hacer el camino solos, pero, dicho todo eso, confía en tus instintos. Tú eres el experto en tu propia vida, el único que sabe lo que te funciona, lo que te importa y lo que quieres que ocurra a través de ti.

Después de tanta reflexión, debate, análisis e introspección, la acción es la única forma de descubrir lo que te conviene. Actuar produce conocimientos reales basados en la experiencia y no en las ideas. Si tienes alguna idea, un sueño, una esperanza o una aspiración y no actúas de acuerdo con ella, nunca sabrás lo que podría haber sucedido. Hasta que pruebas algo y descubres si tiene sentido o no en el contexto de tu propia experiencia, ese algo no son más que palabras.

4. La chiripa existe

Esta frase podría ser el lema de la vida reinventada: ¡la chiripa existe! Actuar da pie a toda clase de posibilidades. Cuando empiezas, permites que las sorpresas sucedan y se produzcan nuevas conexiones con los demás. Un encuentro casual puede cambiar el rumbo que creías, o esperabas, seguir, una reunión programada puede dar lugar a una presentación imprevista, alguien conoce a alguien que conoce a alguien y, de repente, surge una oportunidad con la que no contabas.

La chiripa es una señal de que vas por buen camino hacia tu próximo capítulo; es la recompensa por haber actuado y estar dispuesto a abrirte a lo que suceda, como suceda. Te recuerda que no hay una respuesta correcta sino muchas posibilidades reales que esperan que las descubras, o que están esperando descubrirte a ti. La chiripa puede abrirte grandes puertas.

A veces crees que sabes lo que hay al otro lado pero resulta que no está ahí. Otras veces no sabes qué esperar y la vida te sorprende. Pase lo que pase, lo importante al abrir una nueva puerta es que te abras también a la vida reinventada. Estás adoptando una técnica vital y practicando una actitud que te ayudará a definir y crear el resto de tu vida. Aprendes a ver y actuar con poder y creatividad.

A veces las cosas funcionan; a menudo, porque estás trabajando en ellas.

5. La vida como improvisación

Si supieras de antemano cómo será cada minuto de cada día del resto de tu vida, ¿te sentirías mejor o peor? Por un lado, imagínate la sensación de control que te daría; sabrías con exactitud lo que puedes esperar. Por el otro, ¡menuda decepción! ¿Dónde estarían la alegría y la sorpresa? ¿Cómo podrías asumir riesgos o experimentar? Estarías aceptando la vida no reinventada durante el resto de tus días.

La vida reinventada es un teatro de improvisación. Surge una situación y respondes. Otro actor te lanza una línea y tú te inventas algo. Vivir el momento crea energía.

Experimentar a diario es la forma de apoderarse de un nuevo panorama, actitud y, tal vez, imagen de uno mismo. No es más que la manera en que cambiamos nuestro papel: pensamos diferente, sentimos diferente, vestimos diferente y hablamos diferente.

Y, como se trata de tu improvisación, si no te gusta o no te parece que esté funcionando como quieres, la puedes cambiar.

6. Chiripa cómica

A veces la mejor manera de pasar a la acción es actuar, o al menos eso descubrió Gid Pool.

«Me suelo aburrir con facilidad», confiesa. Seguramente por eso en su currículo figuran temporadas tanto en el seminario como en el ejército y en las fuerzas áreas, un breve periodo de profesor de esquí, una fase de planificador financiero y una carrera de vendedor de barcos, coches, seguros y viviendas. Después de todo eso y sin quererlo, la vida reinventada le encontró. Fue chiripa cómica.

«Mi mujer era orientadora escolar y el director del colegio se había apuntado a clases de comedia», explica Gid. Al final del curso, los alumnos tenían que subirse al escenario y Gid acompañó a su mujer a ver actuar al director. «Fue gracioso —recuerda—, y cuando acabó anunciaron el inicio de otro curso». Lo que ocurrió después no estaba planeado ni contrastado, sino que tuvo que ver con probar algo nuevo, hacer algo a ver qué tal. «Parecía divertido y quise intentarlo —confiesa—. Pensé que si sobrevivía a las sesiones y era capaz de superar el miedo escénico habría valido la pena. Me apunté esa misma noche».

Fue el instante de vida reinventada de Gid. Sin saber qué esperar y sin ningún preparativo, se vio ante una nueva posibilidad imprevista. «Las clases fueron estupendas. ¡Hasta pensé que podría dedicarme a ello! ¿Y si me lo tomaba en serio y veía hasta dónde podía llegar?», cuenta.

Mirando atrás, es difícil saber si Gid se enganchó a la comedia o la comedia le enganchó a él. Lo que empezó siendo un curso se convirtió en su pasión y vocación. «He tenido trabajos donde no diré que hacía el vago —explica, comparando su nueva vocación con sus empleos previos— pero no me quedaba en vela por la noche pensando si lo estaba haciendo bien. Ahora me quedo hasta la una o dos de la mañana viendo vídeos de mis actuaciones, cambiando y añadiendo cosas para mejorar». Gid es un cómico profesional que se toma el humor muy en serio, hasta el punto de que se ha convertido en un estudioso de la comedia. Te puede decir, por ejemplo, la fórmula matemática que hace falta para tener espectáculo propio: «Necesitas 18 segundos de risa por cada minuto que estás en el escenario. No basta con ser gracioso, hay que ser muy gracioso».

Todo cómico de éxito representa un personaje y Gid no es ninguna excepción: «Soy un hombre de 67 años que mira a su alrededor y tiene respuestas para todo». Detrás se esconde un hombre que busca aceptación en el nuevo giro al que le ha llevado la vida reinventada: «Es una oportunidad de hacer algo grande y especial con mi vida», afirma.

Está convencido de que lo que ha aprendido por una mezcla de acción y chiripa se aplica a los demás también. «Después de casi todas las funciones alguien se acerca y me dice que siempre ha querido intentarlo. Yo le pregunto por qué no lo hace. Somos la primera generación que podemos tener otra oportunidad. ¿La vamos a desperdiciar quedándonos sentados y deseando intentar algo en vez de salir a hacerlo?». Para usar la jerga del espectáculo, ¡luces, cámara y, sobre todo, acción!

7. El ritmo de la acción

Para que ocurra algo hay que dar un primer paso valiente, pero eso no significa que haya que actuar sin rumbo o sin bajar la cabeza un momento y detenerse o mirar a los lados. Actuar a la ligera o sin un plan es tan peligroso como no actuar, porque avanzamos por un camino sobre el que no hemos pensado.

La acción tiene su ritmo. Primero actúas y después piensas. Primero sales al mundo y después vuelves adentro para pensar en lo que has sentido tras dar el paso. Ese vaivén entre actuar y pensar te aporta la ventaja de la experiencia: aprendes haciendo cosas y recoges los beneficios de probar algo nuevo sin sentirte demasiado comprometido con lo que todavía es un experimento improvisado.

8. Un riesgo al día

¿Cómo empezar? Un ejercicio para ponerte manos a la obra en la técnica de actuar primero y reflexionar después es asumir un pequeño riesgo cada día. No es demasiado complicado y conviene empezar con algo fácil. Empieza donde estás, con algo que suelas hacer, o no hacer, por ser demasiado corriente.

¿Hay alguna tienda cerca de tu casa, tal vez una de ropa, por las que hayas pasado millones de veces pero no hayas entrado nunca? Hazlo hoy. ¿Hay un camarero en tu restaurante favorito que te ha atendido una y otra vez pero no sabes cómo se llama? La próxima vez que vayas, preséntate y pregúntale su nombre. ¿Hay algún concierto próximamente de un cantante que no sueles escuchar? Compra entradas. ¿Existe un sendero ornitológico que nunca has recorrido? Hazlo. ¿Has visto un curso que te parece interesante? Apúntate.

Empieza con una serie de riesgos diarios y, durante los próximos cinco días, asume uno al día. Después, coméntalos en tu diario.

Intenta salir de la zona sin riesgo hacia el área de las posibilidades de la vida reinventada. Al principio puede asustar un poco o ser emocionante, o las dos cosas. Pronto descubrirás que te esperan oportunidades que ni siquiera pensabas que fuesen posibles. Tal vez confirmes un talento, enciendas una pasión o reconectes con un valor que no recordabas tener. En tu vaivén de la acción a la reflexión y vuelta a empezar descubrirás posibilidades reales de conectar con un propósito profundo que añada sentido a tu vida.

Hagamos una pausa ¿Se ha acabado ya? 11

Ya has recorrido las seis técnicas que componen el mapa de la vida reinventada, así que hemos llegado al final, ¿no?

Para nada. En realidad el viaje es interminable. ¿Recuerdas la famosa frase de Yogi Berra, «No se acaba hasta que se acaba»? Si lo aplicamos al viaje de la vida reinventada, veremos que el bueno de Yogi se equivocaba, porque aquí nunca se acaba. Cuando llegas a la directriz de la acción, la sexta del mapa, no has llegado al destino todavía, sino que acabas de empezar. Después de actuar, el siguiente paso es reflexionar. Hay que pararse a pensar en el sentimiento que provoca la acción. ¿Me siento bien? ¿Es incómodo en un sentido molesto o satisfactorio, como el primer día en el gimnasio, cuando el ejercicio nos provoca agujetas pero estamos orgullosos de haber hecho el esfuerzo?

Después de recorrer el mapa de la vida reinventada por primera vez, querrás consultar a los miembros de tu caja de resonancia y ponerles al día de cómo te está yendo. Te gustará recibir sus comentarios y añadir sus opiniones a tus experiencias. Querrás leer el diario y ver lo que has escrito en las distintas etapas del camino. Te tomarás un tiempo para añadir más páginas que describan lo que has aprendido, cómo se han confirmado tus sentimientos iniciales y qué sorpresas imprevistas han surgido.

Haber realizado las seis técnicas no quiere decir que te detengas, ni mucho menos. Volverás a recorrer las seis directrices del mapa de la vida reinventada hasta que regreses a la acción y vuelta a empezar. A medida que te desplaces por ese mapa irás adquiriendo capacidades, conciencia y una idea de tus propias habilidades, una nueva apreciación de tus dones, pasiones y valores.

Cada vez se te dará mejor distinguir entre lo que te va y lo que no te va. Valorarás más y más tu diario de posibilidades. Es posible que hasta visites con más frecuencia la web de la vida reinventada o te matricules en algún curso, te ofrezcas de voluntario en un programa nuevo o viajes a algún lugar desconocido. Quizá hagas un esfuerzo por localizar a un viejo amigo o desees conocer gente nueva. Puede que descubras que eres el emprendedor de tu propia vida y que ser emprendedor no significa montar una empresa sino acometer tu trayectoria.

A medida que recorras el circuito de la vida reinventada descubrirás dos conceptos de una importancia fundamental. Primero, que cuanto más practiques la vida reinventada, más desarrollarás las técnicas vitales básicas que hacen falta en el siglo XXI para aprovechar al máximo la nueva etapa. Segundo, cuando interiorices las lecciones y capacidades que ofrece la vida reinventada, descubrirás que lo importante es la actitud. Se trata de una nueva forma de pensar y actuar de acuerdo con las exigencias y oportunidades de una nueva realidad. Adoptar esa actitud y apropiarse de ella es la verdadera promesa de la vida reinventada.

¿Es este tu instante de vida reinventada? 12

Algo está pasando y nos afecta a todos. La vida reinventada, una nueva etapa de la vida, está cambiando el rumbo de todas las cosas. Al principio puede que no te des cuenta de los cambios sutiles, aunque poderosos, que se están produciendo, pero en cuanto te pongas a buscarlos, los escuches o sencillamente los reconozcas, descubrirás que la vida reinventada está en la mente de todos.

Te rodea por todas partes. Se comenta en los periódicos y en los artículos de las revistas que generan temas de conversación. Está incrustado en los debates políticos sobre cómo vivimos y hacia dónde vamos. Hablamos de ello durante la cena y en los mensajes y llamadas de teléfono a amigos y familiares. Lo escuchamos en sermones y discursos de apertura. Es el objeto de conversaciones tanto entre amigos de toda la vida que comparten experiencias en una cafetería como entre líderes que intentan comprender cómo está cambiando el mundo.

En definitiva, es la historia de todos, la forma de vivir hoy en día, el contorno de un nuevo territorio. Es un nuevo movimiento que se ha convertido en el espíritu definitorio de nuestra era, del que todos aprendemos a la vez que lo creamos.

1. ¡Escriben sobre mí!

Hay pioneros e innovadores ahí fuera que aprovechan una oportunidad, exploran nuevas posibilidades y encuentran direcciones nuevas.

Si coges un taxi en un aeropuerto de Nueva York el taxista tendrá una historia: casi ha cumplido 40, está en trámites de divorcio y acaba de tomar la decisión de volver a estudiar y sacarse la licencia de piloto de recreo. Es un instante de vida reinventada.

Si vas a una cena informal en el restaurante favorito de tu barrio y preguntas a la mujer que te atiende la mesa qué le está ocurriendo en la vida, ella también tendrá una historia. Acaba de cumplir 50 y ha perdido su trabajo en una gran empresa que ha despedido a casi toda la plantilla, pero no quiere ser camarera toda la vida. Lo hace para aprender sobre el negocio de la hostelería y abrir su propio restaurante. Es un instante de vida reinventada.

Una amiga cuarentona te cuenta su vida mientras tomáis café: ha llegado a un punto de transición en su carrera pero no tiene nada que ver con el dinero, sino con lo que quiere hacer después. Tras dos décadas de éxito en un trabajo que le gustaba, ahora le atrae hacer algo nuevo, lejos de aquí: la aventura de su vida. Le está costando decidir si irse o quedarse y quiere analizar sus opciones. Es un instante de vida reinventada.

Tu hermano mayor te llama por teléfono. Vive en otro continente. Quiere ponerte al día de su vida. A los 65 se ha jubilado de profesor universitario. Su mujer y él se han construido su casita de ensueño en una aldea junto a un lago y quiere retomar su afición favorita, la fotografía, porque le encanta hacer fotos de la naturaleza. Todo lo demás tendrá que esperar porque ahora la fotografía es su pasión y se siente realizado. Es un instante de vida reinventada.

Una amiga a punto de cumplir 50 te describe con gran orgullo a su padre de 81, un médico jubilado de Boston que tomó la decisión, hace casi veinte años, de aprender español no solo para conversar, sino para leer a los grandes clásicos de la literatura en su lengua original y poder comentarlos en su mismo idioma. Ha encontrado un profesor en la zona de Boston y ahora, veinte años después, está leyendo *Don Quijote de la Mancha* y *El cantar del mío Cid* en español, escribe sus propios ensayos en este idioma y se los envía a su profesor para discutirlos... también en español. Como su profesor se ha trasladado a Portugal, ahora hablan por Skype.

Siguiendo el ejemplo de su padre, la hermana de tu amiga, de 49 años, se ha aficionado al violonchelo y quiere aprender a tocar la *suite* 1ª de Bach en sol mayor, a ser posible antes de cumplir 81. Padre e hija están pasando por un instante de vida reinventada.

Si has leído este libro pensando que estábamos escribiendo sobre ti, tienes razón. La vida reinventada es sobre ti, sobre tu familia, sobre tus amigos y sobre las personas que has conocido en este libro. Es sobre todos nosotros.

2. Propósito y conexión con los demás

Podemos aprender sobre nuestras vidas de hoy hablando con las personas que han recorrido el camino antes que nosotros y pidiéndoles que miren atrás, hacia el punto donde estamos ahora. Casi todas confiesan un mismo remordimiento: ojalá hubiesen tomado más decisiones acordes a su personalidad. En retrospectiva, dicen, el gran obstáculo de su vida han sido ellas mismas. Les hubiese gustado vivir con más curiosidad, valor, seguridad y autenticidad.

Sea cual sea su edad, se dan cuenta de que lo que poseían en la vida era libertad. Si ese es el gran remordimiento, ¿cuál es la lección subyacente para llevar una vida auténtica? ¿Qué es lo fundamental? La investigación y el sentido común coinciden en que todo se reduce a tener un propósito y conectar con los demás. Cada uno debe descubrir su propósito, su razón para levantarse por las mañanas. Debemos recorrer un viaje interior antes de salir al mundo, aunque no es un viaje hacia el narcisismo. Tener claro y estar seguro de quién eres de verdad solo importa si te permite conectar con los demás, compartir y ser de ayuda. Encontrar el propósito y la conexión con otras personas es lo que genera una vida auténtica. Debemos encontrar la manera de seguir seducidos por la vida (descubrir nuestro propósito) y seducir (conectar con los demás).

3. Manifiesto personal

El mundo gira alrededor de historias; cada uno tiene la suya. Nuestras historias reflejan nuestro propósito y nuestras relaciones. Los manifiestos personales se entretejen en las historias de este libro, las de tu vida, las que compartimos a cualquier edad, en cualquier momento o lugar. Podemos elegir.

La elección es fundamental para nuestro bienestar, libertad y autenticidad. Elegir es nuestra expresión de propósito personal. Elegir es una manifestación de las metas que nos ponemos en la vida y el modo en que expresamos lo que nos importa, tanto a los demás como a nosotros mismos. Nuestras elecciones cuentan y eso es fundamental.

Podemos seguir siendo curiosos: aprendemos, cambiamos y conectamos mediante la curiosidad. La curiosidad nos mantiene abiertos a experiencias y personas nuevas. Independientemente de nuestra edad, siempre hay algo más sobre nosotros que todavía no hemos descubierto o algo más que conocer sobre los demás; en definitiva, algo más por explorar.

Podemos actuar con valor. Hace falta valor para ser quien eres y salir al mundo. Hay que ser valiente para reaccionar con optimismo a los detonantes de la vida. Vivir con valor es ser dueños de nuestro tiempo, las elecciones y la curiosidad; es vivir con un propósito y conectados a los demás, buscando el camino hacia la vida más satisfactoria que podamos crear.

4. ¿Cuál es la actitud de la vida reinventada?

La vida reinventada es una actitud nueva que está dando pie a un movimiento poderoso, equivalente al momento emergente que estamos viviendo. Se trata de una llamada de atención a vivir la vida con un propósito y conectados a los demás mientras respondemos a la pregunta de qué viene después. Es una actitud, otra forma de experimentar y ver el mundo.

A través del cristal de la vida reinventada el mundo parece distinto cuando te levantas por la mañana, ya que ves las posibilidades en lugar de los problemas. Tus ojos, cerebro y corazón se centran en otras cosas cuando adoptas un punto de vista distinto: el de vivir la vida con un propósito.

5. La diferencia de la actitud

Los cambios que marcan el movimiento de la vida reinventada son sencillos y poderosos a la vez, con una serie de transformaciones y giros de la vieja historia a la nueva.

Pasamos de una vieja historia sobre envejecer a una nueva sobre vivir, de la historia antigua de jubilarse a la nueva de reinventarse, de hacerse mayor a sentirse realizado, de ir en declive a redescubrirse, de tener las respuestas a convivir con las preguntas, de pedir consejo a reunir aliados, de contratar a conectar. La actitud de la vida reinventada se convierte en el cristal a través del cual se entiende esta nueva historia que afecta a nuestras vidas. Nos da la posibilidad de ver la vida cotidiana y empieza a surgir un patrón que sugiere un camino de posibilidades reales.

Sin embargo, el cristal no es rosa y no hay nada irrealista, romántico o fingido en la actitud de la vida reinventada. No te equivoques: los detonantes te harán perder inevitablemente el equilibrio. Cuando eso ocurra, y ocurrirá una y otra vez, la vida reinventada te ayudará a reencuadrar la experiencia. El manifiesto, el mapa y las técnicas de la vida reinventada te permitirán recuperar el equilibrio antes, encontrar el camino hacia delante con más seguridad, adaptarte a las nuevas circunstancias con más valor y tomar decisiones que te guíen en la vida con un propósito.

Plenamente consciente de que no hay un futuro previsible y mucho menos perfecto, tendrás la oportunidad y responsabilidad de imaginar el tuyo. Tengas la edad que tengas, e independientemente de los años que te queden por vivir, las grandes preguntas siguen siendo las mismas: ¿adónde quieres ir? ¿Con quién? ¿Para hacer qué? ¿Dónde? ¿Con qué propósito?

Lo bueno y lo malo de crecer y envejecer no ha cambiado. Si no vives tu propia vida reinventada, no culpes a nadie más, porque tú eres el responsable de tu experimento individual.

6. ¿Qué es el movimiento de la vida reinventada?

La pregunta sobre la que se basa el movimiento de la vida reinventada es: y ahora, ¿qué?

Aquí terminaremos el libro. ¿Qué ocurrirá después? ¿Qué va a pasar ahora en tu vida? ¿Vas a adoptar la actitud de la vida reinventada? ¿Quieres unirte al movimiento? ¿Aprovecharás esta oportunidad y te valdrás del mapa y las directrices de la vida reinventada para aprender las habilidades necesarias en la nueva fase de la vida? ¿Y qué pasará después con todos nosotros?

La vida reinventada es un movimiento que nos está pidiendo nuestra participación. Es un grito de guerra que nos afecta a cualquier edad, una corriente que cruza las fronteras de la edad, los ingresos, la raza y el sexo; nos habla a todos y cada uno sobre vivir la vida con un propósito y entrelazar nuestras vidas alrededor de un fin común.

7. ¿Qué es el momento de la vida reinventada?

Este movimiento es un reflejo del momento en que vivimos y las posibilidades reales en las que creemos. Es tu momento, un instante de la nueva vida emergente que constituye uno de los movimientos sociales más poderosos de nuestra época. Es el momento de destruir viejos mitos y deshacernos de las viejas ideas preconcebidas sobre cómo vivimos la vida. Intuimos una conversación inminente, responsabilidades que esperan ser asumidas, posibilidades reales a la espera de que alguien quiera alcanzarlas.

Es cosa tuya, y de todos, elegir con curiosidad y valor la vida que quieres crear para ti y el futuro que todos queremos compartir.

8. Pioneros de la vida reinventada: Jane Pauley

Jane Pauley es una auténtica embajadora del movimiento de la vida reinventada. Galardonada con un premio Emmy en cuatro ocasiones, Jane es un icono de la televisión americana. Durante tres años copresentó el programa de la NBC *The Today Show* y después estuvo doce años copresentando *Dateline NBC*. Más tarde escribió su autobiografía, *Skywriting*. Desde que le diagnosticaron trastorno bipolar en 2001, ha defendido en voz alta la medicina integradora y todos los aspectos del bienestar. Actualmente presenta un segmento de *The Today Show* llamado «La vida reinventada», con historias de gente corriente que descubre posibilidades extraordinarias.

La vida reinventada trata de ayudar a la gente a descubrir lo que va a pasar con su vida. ¿Siempre has sabido cuál era tu propósito?

Algunas personas tienen la suerte de saber con seguridad lo que les interesa a muy temprana edad, pero no ha sido mi caso. Menudo alivio es llegar a este punto en mi vida donde más o menos entiendo cómo se han ido sucedido las cosas, lo cual es agradable no solo porque hace sentirse estable y no tambalear, sino porque te ayuda a apuntar a una dirección futura. No es que sepa exactamente adónde voy, pero supongo que valida el movimiento hacia esa dirección.

Tuviste un instante de vida reinventada en tu carrera que dio mucho que hablar en el mundo de la televisión, cuando anunciaste que ya no querías seguir haciendo *The Today Show*. ¿Qué ocurrió?

Estaba sentada en un salón de actos durante la primera jornada de puertas abiertas de la universidad de mi hijo. Él acababa de empezar la carrera y un profesor estaba hablando sobre trabajar y trabajar bien. Escribió en la pizarra, con letras grandes: «1: sintonía» y hablaba de sintonizar con el trabajo de la empresa, la misión o lo que haces. El número dos era reforzar periódica o constantemente esa sintonía. Aunque debía sentirme feliz, afortunada y dichosa con mi carrera, sabía que no sintonizaba. En aquel instante, sentada en esa silla, supe que era el momento de marcharme de un programa de máxima audiencia.

Uno de los grandes conceptos de la vida reinventada es que nadie debe hacerlo solo y que el aislamiento es fatídico. ¿Qué piensas al respecto?

Es muy importante que nos expongamos a otras personas que un buen día pueden decir algo sobre nosotros porque no estemos prestando atención a quiénes somos. Nos miramos en el espejo pero necesitamos a otra persona que nos vea y nos conozca para identificar lo que nos hace especiales. Me parece muy necesario ser una molécula ahí fuera en medio de otras moléculas porque así es como surgen las oportunidades que nos permiten avanzar y emprender. Aunque no sea exactamente lo que estamos buscando, actuar es mejor que quedarse sentado como *El pensador*, esperando el pensamiento perfecto. Aunque no tenga sentido, vale la pena salir ahí fuera y ponerse a hacer algo.

En el mundo empresarial se dice que, si no sabes adónde vas, cualquier camino te llevará. Para mí eso significa que, si no sabes adónde vas, ¡ponte a andar! Escoge una carretera y anda. Encontrarás algo que funcione o no, pero habrás empezado un camino nuevo. Eso sí, no vayas a toda velocidad porque no hace falta darse prisa; puedes caminar despacio.

Da la sensación de que la vida reinventada coincide con el momento en que estamos y va camino de convertirse en un movimiento. ¿Cuál crees que es la idea que está en el aire ahora mismo?

La idea de que en esto estamos todos juntos. Somos hijos del *baby boom* y siempre hemos estado unidos, jamás hemos tenido un gesto o una idea original. Éramos tantos que, si unos pocos decidían cortarse el flequillo, de repente había un millón de personas con flequillo.

Creo que lo más importante es que los *baby boomers* se han enterado de sus posibilidades futuras y en esto estamos todos juntos, como siempre.

Te toca | 13

Terminaremos el libro por donde lo empezamos. A fin de cuentas, tú eres el que decide. ¿Quieres emprender el viaje hacia la vida reinventada? ¿Quieres añadir tu historia a la de los miles (o millones) de pioneros curiosos y valientes que han reinventado sus vidas? ¿Elegirás unirte al movimiento de la vida reinventada?

Todo lo que hacemos es importante porque estamos al inicio de algo poderoso y grande: el movimiento de la vida reinventada. Es un movimiento en esencia personal en esencia y generalizado en su alcance, que está reinventando más de cincuenta años de prácticas aceptadas y sabiduría convencional sobre la trayectoria y el propósito de la vida. Derriba fronteras anticuadas, convenciones irrelevantes y expectativas improductivas y desafía un sistema que ha surgido para decirnos cómo quiere la sociedad que vivamos nuestra vida.

Gracias a este movimiento estamos pasando de la vieja historia de una única trayectoria previsible, prescrita por el convencionalismo social, a otra nueva de la vida reinventada que nos permite decidir nuestro recorrido. La vieja historia trazaba la trayectoria de la vida como una parábola simple que subía primero para bajar después. La vida reinventada propone otra curva de la vida donde la capacidad de decisión, la curiosidad y el valor nos ofrecen una posibilidad real de descubrir y aprender a lo largo de una vida cada vez más larga.

En un mundo que cambia es hora de que cambiemos nosotros también. Hagamos frente a nuestros miedos más profundos y asumamos nuestras grandes aspiraciones. Es tu movimiento. Es tu decisión.

1. Una nueva forma de vida

Estamos aprendiendo a pensar de otra manera sobre las posibilidades de la vida y a actuar de otra forma para hacerlas realidad. Ya nos empuje el dolor o nos atraigan las posibilidades, entramos en una nueva era en la que las decisiones pueden crear una realidad distinta. Sabemos que nunca es demasiado tarde, o demasiado pronto, para descubrir un nuevo camino en la vida y que podemos escoger una nueva forma de vida a cualquier edad para adaptarnos a nuestro propio propósito y a las conexiones con los demás.

Las cosas ya no son como eran antes y mucho menos como lo serán después. Avanzamos deprisa, firmes y sin remedio hacia un nuevo territorio que abre nuevas posibilidades. Todos nos damos cuenta de que las cosas están cambiando deprisa y de que los cambios serán profundos, intensos y duraderos.

2. La guía del movimiento de la vida reinventada

Este libro es la guía del movimiento de la vida reinventada. Las ideas y técnicas de estas páginas y de la página web te capacitarán para comprender los cambios que se suceden en el mundo y te permitirán tomar decisiones en tu vida, tu propia forma de vida, de ahora en adelante. Las historias de los innovadores y de los pioneros de la vida reinventada te darán confianza y seguridad porque descubrirás que no estás solo en este viaje. Además, demuestran que el momento de la vida reinventada no solo se define por lo que haces, sino por cómo lo haces.

Te hemos presentado una nueva forma de vida, una mentalidad reflejada en las cinco verdades esenciales de la vida reinventada.

1. Debemos vivir la vida con capacidad de decisión, curiosidad y valor a cualquier edad.

2. En un mundo en continuo cambio hay dos constantes que no cambian: tener un propósito y conectar con los demás.

3. Cada vida es un experimento individual. No hay respuestas válidas para todos en esta nueva etapa.

4. La vida reinventada es un viaje de descubrimiento interior y exterior. El descubrimiento último que podemos hacer somos nosotros mismos.

5. No vayas solo, porque el aislamiento es funesto.

Estamos al principio del movimiento de la vida reinventada. De aquí en adelante todos juntos y cada uno por su cuenta tenemos mucho que hacer. Esto es lo que nos hemos propuesto lograr en este libro y lo que debemos hacer juntos:

- Desbancar las viejas políticas y las prácticas anticuadas que se interponen en el camino de nuestra nueva forma de vida y crear otras que nos permitan progresar. Nuestra tarea es poner en duda el pasado y reinventar el futuro.

- Encontrar el lenguaje correcto para expresar este movimiento emergente, es decir, un vocabulario que dé forma a las nuevas realidades y a nuestras aspiraciones. Cambiar nuestra manera de pensar y actuar implica alterar la forma en que hablamos de nuestras posibilidades.

- Recoger y ampliar las historias de los pioneros de este movimiento. Las historias nos permiten compartir la experiencia y aprender unos de otros. Este libro y la web de la vida reinventada recogen las lecciones vitales de algunos primeros exploradores. Sin embargo, la vida reinventada existe en miles o millones de variaciones. Necesitamos una biblioteca viva de esas historias, incluida la tuya.

- Expresar con precisión y claridad la actitud del movimiento de la vida reinventada. La vida reinventada posee un manifiesto potente y un punto de vista fuerte y vital. Articular ese punto de vista y expresar el manifiesto nos permite construir el movimiento.

- Crear la comunidad de la vida reinventada. El movimiento de la vida reinventada es, a la vez, intensamente personal y poderosamente universal. Si has leído este libro y descubres algo que quieres probar en tu vida, algo que compartir con tu familia y amigos, algo de lo que hablar, algo por explorar, ampliar o refutar, el movimiento de la vida reinventada habrá crecido. En último término, para que el movimiento tenga éxito, la vida reinventada tiene que afectar a nuestra existencia de una forma real y conectarnos con las vidas de otras personas de formas distintas.

3. Sigue en contacto

A lo largo de este libro y en la página web de la vida reinventada encontrarás oportunidades para implicarte y seguir en contacto. Deseamos que aproveches esas oportunidades porque, cuando conectas con nosotros y con otras personas, cuando compartes tus opiniones y pensamientos, tus historias y experiencias, la comunidad crece y el movimiento de la vida reinventada se propaga.

Entonces te embarcas en el viaje de la vida reinventada. Al final, tu eres el que decide. Todo empieza contigo.

Conversaciones de la vida reinventada

La vida reinventada adquiere una dimensión totalmente distinta cuando usas el libro para entablar conversaciones con tus compañeros, amigos, familiares, etc. Sin embargo, antes de reunir a un grupo de conversación sobre la vida reinventada, sigue estos pasos:

1. Lee el libro.

2. Empieza a escribir en tu diario de posibilidades.

3. Subraya el libro y toma notas. Plasma tus dudas en el diario.

Reunir a un grupo para hablar de la vida reinventada es una manera idónea de generar aún más energía en torno al viaje de la vida reinventada, tanto para ti como para los demás. De esa forma nos alimentamos mutuamente con ideas, historias y reflexiones y los resultados nos benefician a todos.

A continuación te proponemos diez preguntas para romper el hielo en casa, en el trabajo, en tu grupo de lectura, lugar de culto o círculo social.

1. ¿Estás de acuerdo con que hay una nueva etapa de la vida entre la mediana edad y la vejez, con unas características y posibilidades únicas? ¿Conoces algún ejemplo de vida reinventada?

2. ¿Realmente es necesario reinventar? ¿Cuándo no lo es?

3. Antes de leer este libro, ¿pensabas que vivir más años era un problema, una oportunidad o ambas cosas? ¿El libro te ha hecho cambiar de idea?

4. Las historias de este libro hablan de personas que tomaron decisiones para vivir una vida más plena. ¿Te plantearías hacer lo mismo? ¿Qué opciones estás barajando?

5. ¿Crees que trabajar más en la nueva etapa de la vida es una carga o una oportunidad? ¿Hay algo que siempre hayas querido hacer y no hayas hecho aún?

6. ¿Sientes el deseo de levantarte por la mañana con el compromiso de marcar la diferencia? ¿Lo notas ahora con más fuerza?

7. ¿Qué anotaciones en tu diario contienen tus reflexiones más profundas?

8. ¿Te ha inspirado algún personaje o idea del libro para cambiar tu forma de pensar o tu propia vida? ¿Quién o qué?

9. ¿Hay algún mensaje concreto o técnica de la vida reinventada que crees que sería aplicable a personas de todas las edades? ¿Cuál?

10. ¿Qué otro asunto te gustaría debatir?

Agradecimientos

Mientras conocíamos a personas extraordinarias por todo el país que están reinventando sus vidas, nos sorprendió una y otra vez la idea de que nadie consigue nada solo y este libro no es una excepción. Queremos dar las gracias a todas las personas que han hecho posible este viaje. Han sido grandes compañeros y muchos se han convertido en buenos amigos.

Queremos expresar nuestro más profundo agradecimiento al director ejecutivo de AARP, A. Barry Rand. Desde el principio y a cada paso del recorrido, Barry nos ha dado su apoyo incondicional a la vida reinventada. Este libro debe mucho a su visión y a su espíritu generoso. Emilio Pardo y Rick Bowers, dos grandes talentos de AARP, aportaron a este proyecto una energía sin límites, ideas de gran alcance y un liderazgo decidido. Su huella se deja ver en casi todo el libro y más que colaboradores son amigos de corazón, pioneros intrépidos, compañeros permanentes de viaje y líderes del movimiento de la vida reinventada.

Keith Yamashita y sus compañeros de SYPartners se han entregado desinteresadamente a la tarea de la vida reinventada. Keith nos ofreció un asesoramiento impagable y sabios consejos. Tenemos una inmensa deuda de gratitud con Susan Schuman, Nicholas Anderson, Nicolas Maitret, Jessica Orkin, Kacie Wise, Emily Goldstein, Rachel Berger y demás miembros del equipo de SYP por su manera de moldear y pastorear *La vida reinventada* durante el proceso creativo.

Gracias también a David DeCheser y el equipo de R/GA. Su particular mezcla de imaginación y tecnología es responsable de haber dado vida a la vida reinventada en internet.

Nos hemos beneficiado en todos los sentidos de la experiencia, sabiduría y reflexiones de los líderes intelectuales y pioneros de la vida reinventada. Nuestro agradecimiento a Stuart Brown, Kate Ebner, Rich Feller, Steve Gillon, Christopher Metzler, Stephan Rechtshaffen, Linda Spradley Dunn, Janet Taylor, Bill Thomas y John Hendricks por ayudarnos a hacer realidad el punto de vista de la vida reinventada.

Ningún proyecto de esta magnitud prospera sin el apoyo de patrocinadores, paladines y cómplices. Nuestro grupo es tan variopinto como excepcional. Gracias a Gail Aldrich, JoAnn Jenkins, Barbara Shipley, Jodi Lipson, Beth Domingo, Fritz Yuvancic, Dara Padwo-Audick, Kim Sedmak, C. B. Wismar, Wade Osborne, Anne Herbster, Terry Pittman y Cyrus Bamji.

Desde el principio hemos podido contar con la sabiduría y orientación de Steve Piersanti, de Berrett-Koehler Publishers. Su impecable orquestación ayudó a hacer realidad este libro. A David Marshall le agradecemos sus consejos infalibles para navegar por el paisaje digital, además de a Richard Wilson, Dianne Platner, Michael Crowley, Jeevan Sivasubramaniam, Kristen Frantz, Katie Sheehan y el resto del equipo de BK. También queremos agradecer la magnífica labor del equipo de LID Editorial Empresarial para la presente edición en español.

Este libro contiene las historias de varias personas que ilustran la manera real en que podemos reinventar nuestras vidas. Muchísimas gracias a Betty Smith, Rich Luker, Barb Timberlake, Paulie Gee, Gid Pool, Tripp Hanson, María Vásquez, Annie Walker y John Drury por compartir sus historias.

Otras personalidades del panorama nacional, verdaderos pioneros de la vida reinventada, se han ofrecido tanto a contar sus historias como a hacer que la vida reinventada sea parte de una conversación más amplia. Nuestro agradecimiento a Jane Pauley, Emilio Estefan, James «J. B.» Brown y Chris Gardner.

Y, por último, a Sally Leider y Frances Diemoz, compañeras en el amor y en la vida, nuestro más sincero agradecimiento por soportar nuestras ausencias y animarnos con nuestros proyectos. Ellas representan las verdades de este libro y son pruebas vivientes de lo que significa reinventar la vida y por qué es importante. Sin ellas no existiría este libro.

Richard J. Leider
Mineápolis

Alan M. Webber
Santa Fe

Entrevista a los autores

Richard J. Leider

¿Cómo te describirías?

Me encanta esa frase de T. S. Eliot que decía que los viejos deben ser exploradores. Yo soy un explorador. ¿Qué significa eso? Que estoy enterrando la vieja historia de la jubilación y magnifico en estos momentos las posibilidades reales de mi vida, en vez de huir de ellas.

Interesante. ¿Cuál va a ser tu próximo paso?

Un compañero me llama «el papa del propósito», no sin exageración, por supuesto. Desde hace más de cuatro décadas me he dedicado a ayudar a los demás a encontrar su propósito, la razón para levantarse por la mañana. Mi curiosidad me ha llevado de conferenciante por los cincuenta estados de Estados Unidos, a Canadá y cuatro continentes. Por el camino he escrito ocho libros (con este nueve), dos de ellos superventas en todo el mundo (*Rehaga su equipaje* y *Cómo dar sentido a mi vida y a mi trabajo*). A todo esto, he encontrado tiempo para recorrer 28 safaris a pie en Tanzania y el año pasado dormí treinta noches en un saco (mi objetivo es dormir al aire libre, en una tienda de campaña, cuarenta noches al año). Me siento en la flor de la vida, tanto en lo personal como en el trabajo. Es el momento de ir hacia delante, no mirar atrás y cambiar la conversación para mejor.

¿Cómo es trabajar con Alan?

A los dos nos gustan las aventuras de toda clase. Trabajar juntos ha sido una aventura intelectual, un viaje de curiosidad.

Alan es uno de los críticos más duros que he conocido jamás y, al mismo tiempo, es una persona sumamente curiosa y compasiva. Se implica mucho y por eso su opinión me importa. Nadie me intriga más que él: pocas conversaciones hemos tenido que no me hayan hecho tomar notas mentales o pasar un tiempo muy precioso después, reflexionando sobre sus palabras. Trabajar juntos ha sido un regalo muy entretenido: Alan es de lo más divertido.

¿Cómo ha sido el proceso de escritura?

Cuesta explicar en términos sencillos la alquimia de la sinergia, es todo un misterio. En nuestro caso ha sido como preparar un buen plato. Empiezas con ingredientes individuales, ideas, y luego los mezclas. A menudo, aunque no siempre, obtienes algo mucho mejor, tan sabroso que no te imaginas que pudiera haber salido otra cosa en primer lugar. Hace falta curiosidad para vivir, es tan esencial como el pan para comer. Conspirar, crear y ahora escribir con Alan ha pasado a ser un elemento básico de mi dieta.

¿Algún otro dato sobre ti y la vida reinventada?

Nos propusimos recoger la voz del movimiento de la vida reinventada; ese fue nuestro reto creativo. Queríamos ser útiles, humanos y conectar en lo más hondo con la gente corriente. Queríamos escribir una obra que cambiara la conversación de envejecer a vivir, que la gente quisiera propagar el mensaje a su pareja, a un familiar o a su mejor amigo. Al final de la introducción decimos que las cosas están a punto de ponerse interesantes y eso es cierto en nuestro caso. Estamos encantados de continuar la conversación y, tal vez, la escritura.

Una última cosa: una de las ventajas de escribir un libro es poder proclamar en público tu gratitud, así que, ¡gracias, Alan! Sin duda, parece interesante.

Alan M. Webber

¿Cómo te describirías?

En estos momentos me he nombrado «detective global» para describir una vida muy comprometida que incluye dar conferencias, viajar, escribir y tratar de dar sentido a todos los cambios que se producen en la vida, a la vez que intento cambiar el mundo a mejor.

Qué bonito. ¿Qué más has hecho en la vida?

¡No hace falta ser sarcástico! En términos más convencionales, he sido periodista, jefe de redacción y director editorial de *Harvard Business Review* y cofundador de la revista *Fast Company.* He participado en asuntos del gobierno y política a escala local, estatal y federal; he sido miembro de fundaciones alemanas y japonesas, consejero de varias organizaciones sin ánimo de lucro y he escrito libros, artículos y columnas.

¿No te estás pasando de modesto? ¿A qué personalidades has entrevistado a lo largo de tu carrera?

Entre *Harvard Business Review*, *Fast Company* y mi nueva carrera de detective global, he tenido la oportunidad de entrevistar y trabajar con personas excepcionales del panorama internacional: el Dalái Lama, Muhammad Yunus, Paulo Coelho, David Steindl-Rast, Isabel Allende, Frank Gehry y una lista interminable. Muchas cosas que he aprendido de ellos y otras personas como Jim Collins, Tom Peters, Seth Godin o Dan Pink, que pertenecen más al mundo de los negocios y la empresa, las he recogido en mi libro *Rules of Thumb*.

Y pasé un verano recogiendo pelotas durante los entrenamientos de bateo de los St. Louis Cardinals... ¡Toda una experiencia!

¿Cuál es tu implicación en la vida reinventada?

Parafraseando el viejo anuncio de televisión, no soy solo un autor de la vida reinventada, también participo en ella. Dejé *Fast Company* en 2003, tras diez años muy intensos de empresario y editor, después de haber dado vida a un sueño y haber visto cómo florecía. Luego me mudé a Santa Fe con mi mujer y, de repente, me vi ante el reto de reinventar mi vida. Puedo decir que no solo he escrito sobre la vida reinventada y cómo aprovechar las posibilidades, sino que lo he vivido en primera persona.

¿Cómo es escribir un libro con Richard Leider?

Increíble, fantástico, educativo, inspirador. Richard es el compañero y mentor perfecto, sabio en muchos sentidos, divertido, generoso y motivador. Más que eso, es increíble cómo es capaz de desmenuzar a las personas y averiguar cómo crecen y aprenden, cómo se esconden de las decisiones difíciles, cómo se las puede animar a probar cosas nuevas y, sobre todo, a encontrar su propósito en la vida.

¿Cómo se escribe un libro con otra persona?

Enseguida desarrollamos un proceso de trabajo muy sencillo, según el cual hacíamos un esquema de las ideas y el guion, capítulo a capítulo. Cuando nos veíamos, Richard había subrayado sus ideas sobre lo que debíamos tratar en cada capítulo y mezclábamos nuestras aportaciones. Yo le escuchaba hablar sobre sus puntos de vista y tomaba notas. Después, escribía media página o una entera para contrastar lo que había dicho y luego venía lo mejor. Leíamos en voz alta y discutíamos si, entre los dos, lo habíamos conseguido. Por último, era cuestión de enjabonar, aclarar y vuelta a empezar. Richard y yo leímos cada palabra en voz alta muchas veces durante el proceso de redacción. Este libro está escrito para que parezca una conversación entre dos amigos que se aprecian sinceramente y se interesan por las ideas del otro, porque eso es lo que ha sido.

¿Algún otro comentario sobre ti y la vida reinventada?

Este libro dice una verdad fundamental que es aplicable a mi propia vida. Mientras lo escribíamos, comparaba mis pensamientos y acciones con lo que les estábamos diciendo a los demás y encontré lugares en los que me quedaba corto con mis propias recetas. Me ha animado a ser más valiente. También contiene verdades para mis hijos, Adam y Amanda, ambos treintañeros. La vida reinventada atraviesa las viejas fronteras de la edad y las generaciones, los ingresos y el rango, la geografía y el sexo. Como decimos en el libro, es a la vez personal y universal.

Recursos de la vida reinventada
Y ahora, ¿qué?

Queridos lectores:

Este libro no tiene final, de eso se trata.

Por eso, en lugar de terminar el libro y cerrarlo, hemos creado un contenido exclusivo sobre lo que vendrá después, con sencillos pasos para que sigas tu viaje por la vida reinventada. Lo encontrarás todo en www.lifereimagined.org/next.

Las historias, herramientas y actividades te ayudarán a encontrar la pasión, a conectar con tu caja de resonancia y a vivir la vida para la que estás hecho.

- Infórmate de las actividades locales que puedan apoyarte en el camino.
- Conoce a otros lectores de tu comunidad.
- Ve vídeos inspiradores sobre las personas que has conocido en el libro.
- Descubre historias de implicación y aliento, y comparte la tuya.

¡El viaje de la vida reinventada continúa!

Richard J. Leider
Alan M. Webber

Índice onomástico

60 Minutes (programa), 77
90 millas (documental), 53
AARP, 9-11, 139
Aldrich, Gail, 140
Ali, Muhammad, 81
Allende, Isabel, 145
Anderson, Nicholas, 139
Angelou, Maya, 46
Apple, 81, 84
Atlanta Hawks, 76, 78

baby boom, 131
Bacardi, 53
Bamji, Cyrus, 140
Berger, Rachel, 139
Berra, Yogi, 121
Big John's Dance Fitness, 85
Birdland (canción), 45
Bowers, Rick, 139
Branson, Richard, 81
Broadway, 96, 98
Brown, James, 76-79, 90, 141
Brown, Stuart, 140

Callas, María, 81
Castro, Fidel, 106-7
CBS, 76
Coelho, Paulo, 145
Collins, Jim, 145
Comienza donde estás (libro), 43-4
Cómo dar sentido a mi vida y a mi trabajo (libro), 143

Dalái Lama, 145
Dateline NBC (programa), 129
Davies, Miles, 44-5
DeCheser, David, 140
Diemoz, Frances, 141
Domingo, Beth, 140
Don Quijote de la Mancha (libro), 125
Drury, John, 84-6, 91, 140
Dylan, Bob, 81

Earhart, Amelia, 81
Eastman Kodak, 77
Ebner, Kate, 140
Edison, Thomas, 81
Einstein, Albert, 81
El cantar del mío Cid (libro), 125
El pensador (estatua), 131
Eliot, T. S., 143
En busca de la felicidad (película), 43
Estefan, Emilio, 52-7, 141
Estefan, Gloria, 53, 55-7

Facebook, 69
Fast Company (revista), 145-6
Feller, Rich, 140
Feynman, Richard, 81
Fuller, Buckminster, 81
Fundación Gloria Estefan, 53
Gandhi, Mahatma, 81
Gardner, Chris, 43-6, 140
Gardner, Holly, 45
Gee, Paulie, 63-5, 90, 140
Gehry, Frank, 145
genética espiritual, 43-4

Gillon, Steve, 140
Godin, Seth, 145
Goldstein, Emily, 139
Graham, Martha, 81
Gran Depresión, 63

Hanson, Tripp, 96-8, 140
Harvard Business Review (revista), 145
Hendricks, John, 140
Henson, Jim, 81
Herbster, Anne, 140
Hitchcock, Alfred, 81

Inside the NFL (programa), 76
Instituto Tristate de Acupuntura, 98

Jenkins, JoAnn, 140
Jesucristo, 79
Jones, Quincy, 57

King, Martin Luther, 81
Kiss Me Kate (espectáculo), 96

Leider, Richard J., 9, 11, 141, 143-4, 146, 149
Leider, Sally, 140
Lennon, John, 81
Lipson, Jodi, 140
Lloyd Wright, Frank, 81
López, Jennifer, 53
Luker, Rich, 30-1, 140

Maitret, Nicolas, 139
Marc Anthony, 53
Martin, Ricky, 53
Metzler, Christopher, 140
Miami Project to Cure Paralysis, 53
Michael Vick, 77
Míster Spanky, 97

NBA, 76, 78
NFL, 77

Ono, Yoko, 81
Orkin, Jessica, 139
Osborne, Wade, 140

Padwo-Audick, Dara, 140
Pardo, Emilio, 9-11, 139
Parker, Charlie, 45
Pauley, Jane, 129-131
Peters, Tom, 145
Picasso, Pablo, 81
Pink, Dan, 145
Pittman, Terry, 140
Pool, Gid, 116-8, 140
premios Emmy, 129
premios Grammy, 53
premios Óscar, 43

R/GA, 140
Rand, A. Barry, 9, 139
Rechtshaffen, Stephan, 140
Rehaga su equipaje (libro), 143
Ritmo al éxito (libro), 53
Round Midnight (canción), 45
Rules of Thumb (libro), 145

Schuman, Susan, 139
Secada, Jon, 53
Sedmak, Kim, 140
Senado de Estados Unidos, 10
Servicio Forestal de Estados Unidos, 39
Shakira, 53
Shipley, Barbara, 140
Showtime, 76
Skype, 125
Skywriting (libro), 129
Smith, Betty, 17-9, 140
Smith, Will, 43
So You Want to be a Doctor? (libro), 77
Spradley Dunn, Linda, 140
St. Louis Cardinals, 145
Steindl-Rast, David, 145
SYPartners, 139

Taylor, Janet, 140
The NFL Today (programa), 76
The Today Show (programa), 129-30
Thomas, Bill, 140
Thoroughly Modern Millie (espectáculo), 96-7
Timberlake, Barb, 38-40, 140
Totonno's, 64
Turner, Ted, 81

Universidad de Harvard, 76
Universidad de Michigan, 30

Vásquez, María, 106-8, 140

Walker, Annie, 72-4, 90, 140
Walker, Jason, 72-3
Washington Bullets, 77
Webber, Adam, 147
Webber, Alan M., 9, 11, 141, 143-6
Webber, Amanda, 147
Wise, Kacie, 139
Wismar, C. B., 140
www.lifereimagined.org, 65, 86, 149

Xerox, 77

Yamashita, Keith, 139
Yunus, Muhammad, 145
Yuvancic, Fritz, 140

NOS QUEDA MUCHO POR HACER

- 1993 Madrid
- 2007 Barcelona
- 2008 México DF y Monterrey
- 2010 Londres
- 2011 Nueva York / Buenos Aires
- 2012 Bogotá